Ólann mo Mhiúil as an nGainséis

Gabriel Rosenstock

Cló Iar-Chonnachta, Indreabhán, Conamara

An chéad chló 2003
© Cló Iar-Chonnachta Teo. 2003

ISBN 1902420 78 0

Dearadh: Johan Hofsteenge
Grianghraf clúdaigh: 'An Ghainséis Bheannaithe'
© m1-foto /f1online 2003

Bord na
Leabhar
Gaeilge

Tugann Bord na Leabhar Gaeilge
tacaíocht airgid do Chló Iar-Chonnachta

arts
council
chomhairle
ealaíon

Tugann An Chomhairle Ealaíon
cabhair airgid do Chló Iar-Chonnachta

Foilsíodh sleachta as an leabhar seo ar *Beo*, *Comhar*,
The Irish Times agus Nuachtlitir Éigse Éireann.
Craoladh sleachta ar RTÉ Raidió 1.

Clóchur: Cló Iar-Chonnachta, Indreabhán, Conamara
Fón: 091-593307 **Facs:** 091-593362 **r-phost:** cic@iol.ie

Priontáil: Clódóirí Lurgan, Indreabhán, Conamara
Fón: 091-593251/593157

Ólann mo Mhiúil as an nGainséis

Clár

Tiomnaim an leabhar seo

don lus Indiach,

brahmi.

Ólann mo Mhiúil

An uile dhuine againn ina thaistealaí . . . Is taistealaí é gach duine a rugadh riamh. Samhlaím gurbh éigean dúinn go léir taisteal a dhéanamh go dtí an áit ina bhfuilimid anois. Bain do rogha brí as sin. Smaoinigh ar na treibheanna agus ar na ciníocha go léir agus iad ag gluaiseacht rompu, nó ag cúlú, ó thús ama. As an bhfánaíocht sin, as an tóraíocht sin, a tháinig ann dúinne. An amhlaidh atá flosc chun fánaíochta ginte ionainn, gur cuid dár ndúchas é toisc gur diminsean eile is baile dúinn ó cheart? Cuimhním anois ar an salm a d'aistrigh Liútar agus ar chuir Schütz ceol leis: '*Ich bin ein Gast auf Erde*' – 'Is aoi mé ar an domhan seo abhus' . . .

Agus an té a fhanann sa bhaile, nach taistealaí eisean chomh maith, i ngan fhios dó féin? Fiú mura dtaibhrítear dó ó thráth go chéile gur ag eitilt atá sé, i gcríochaibh thar eolas i gcéin, nach bhfuil an domhan is a bhfuil ann ag dul timpeall na gréine?

Seo anois mé, 52 bliain d'aois inniu, agus m'aghaidh á tabhairt agam ar an domhan thoir. Chun breith ar chuid de mo dhúchas a d'éalaigh uaim, ab ea? B'fhéidir é, ambaist. B'fhéidir arís nach n-aithneoinn iontas ar bith ann, fíoriontas a bhainfidh go díreach liom féin, b'fhéidir nach gcasfainn ar aon duine a déarfaidh, 'A bhráthair!' liom, agus go bhfillfinn ar Éirinn (le cúnamh Dé) agus mé ag aontú le Kipling gur thoir is ea thoir agus thiar is ea thiar agus fágaimis mar sin iad . . . scartha go brách.

Cuimhním ar an *East-West Journal* a bhíodh mar lón léitheoireachta agam uair sa mhí. Bhréagnaigh an iris sin teoiric Kipling. Tugadh le fios inti go raibh nithe le foghlaim ag an Oirthear ón Iarthar agus *vice versa*, mar a bheadh dhá leathsféar na hinchinne ann. Is deacair a rá i mbeagán focal cad tá le foghlaim againne ón Oirthear mar is cultúr aduain ag an gcuid is mó againn é. Inniu féin leagas súil ar sheaneagrán den *National Geographic* ina raibh fear go muineál in uiscí an mhonsúin agus greim an fhir bháite aige ar an rud ba luachmhaire ina shaol dó – meaisín fuála. Táilliúir ab ea é. Radharc osréalach. Ach an chuid ba shuntasaí den radharc sin, domsa, ná an aoibh ainglí ar a aghaidh. Ní dócha go mbeadh straois ortsa ná ormsa dá mbeimis sa riocht ina raibh an táilliúir bocht. Ach arís, nach ceist taithí é? Bhí taithí ag mo dhuine ar an monsún. Agus ainneoin a dhainséaraí is a bhíonn sé, tugann an monsún an bheatha ar ais arís don bhfo-ilchríoch a raibh úthach an domhain uirthi.

Tús aistir —
ní heol dos na scamaill
fad an chúrsa

Brothall a leagfadh camall . . . An chéad stop ar an mbóthar fada dúinn ná Dubai. A Mhaighdean go deo – an chuid is fearr ar fad de ná an t-aeroiriúnú, gan aon agó.

8 a.m., tús Dheireadh Fómhair, agus brothall ann a leagfadh stail chamaill. Siúd faoi dhéin an óstáin sinn, an Howard Johnson, agus as sin caol díreach go dtí an lárionad siopadóireachta atá láimh linn, é gránna go maith ar an taobh amuigh, galánta istigh.

Ní úsáideann an tArabach a lámh chlé ach chun a thóin a ghlanadh. Chualaís é sin go minic, is dócha. Preit, a dhuine! Chonac Arabach uasal ó chianaibh agus a chroiméal breá dubh á shlíocadh aige lena chiotóg.

Siopa Ann Summers na mbicíníthe, éadach cnis. Gabhann Arabach mná thar bráid i bhfeisteas dubh ó bhonn go baithis, gan le feiscint ach gealacán na súl. Neamhchorrabhuaiseach. Uch, an teas . . . agus éide dhubh uirthi sin. Ní obann dubh don teas, má d'fhoghlaimíos i gceart é ar scoil.

Iasc ar a dtugtar an *hamour* chun lóin againn. (*'There's wan for the gawbies,'* mar a dúirt an té a dúirt, pé brí a bhí aige leis). Níl aon locht air mar scíobas. Ach, ag féachaint dúinn inár dtimpeall, tá fógraí go leor ann ag ár gcara Coca-Cola agus ní go deas atá an *hamour* ag sleamhnú síos mar, éist: CNN ag scaothaireacht faoin gCogadh ar Sceimhlitheoireacht, mar a thugtar air; dá dheasca sin is deacair eispéireas eitneach a thabhairt ar an gcéad lón anseo againn in Dubai. Cogadh ar Scaothaireacht is ceart a fhógairt. Tá a fhios ag fia is ag fiolar nach fonótaí beaga iad gás agus ola sa 'chogadh' seo. Cuirtear fuinneamh gréine ar fáil ar fud an domhain, fuinneamh gaoithe, fuinneamh na dtaoidí. Ní le haon duine an ghrian, ní le haon duine an ghaoth, ní le haon duine na taoidí, go fóill ar aon nós.

Gliomach sa ghaineamhlach . . . Is fánach an áit ina bhfaighfeá gliomach, ach gliomach sa ghaineamhlach? Col ceathrair liom anseo in Dubai, Leo Keane, cothabhálaí meaisíní cóipeála. (Cathánach ab ea mo mháthair, leaba i measc na naomh go raibh aici). Buailfimid leis anocht san Irish Village, tábhairne, go bhfóire Dia orainn!

Mmm . . . níl an caife in Dubai thar mholadh beirte. An ar an mbainne atá an locht, ní fheadar? An bainne camaill atá siad a thabhairt dúinn? A dhroimeann donn dílis . . .

Tá muintir Dubai, nó na Dubs mar a thugaimse orthu, níos cairdiúla ná muintir Bhaile Átha Cliath, cé go bhféachann cuid acu stuacach dúnárasach go leor. Gluaiseann an trácht go deas réidh neamhbhagrach an chuid is mó den am, cé go bhfuil corrghealt amuigh a cheapann gur rásaí camall atá ar siúl; is annamh bonnán le clos, áfach – ná béic. Níl buile bóthair tagtha i gceart go Dubai fós. Gan de bhéiceanna le clos, dáiríre, ach ón *muezzin*, fear na bpaidreacha, agus é ag stealladh na ngrást. Ainm Dé á fhógairt go féiltiúil aige agus a bhéic bheannaithe á méadú ag callaire sa tslí nach bhfuil aon éalú uaidh. Mheabhródh sé Clog an Aingil duit ar shlí.

Tráth na gceist . . . Saghas institiúide é faoin am seo an Irish Village, flít tacsaithe lasmuigh de i gcónaí, ar eagla go mbeadh Éireannach bocht éigin ag tabhairt dhá thaobh an bhóthair leis abhaile, rud ná tarlódh, ar ndóigh, ach i dtromluí.

Bagún agus cál ceannann a ordaímse san Irish Village, agus faighim sluaiste de. Déanaim amach gurb é seo an t-aon áit sna hÉimiríochtaí Aontaithe Arabacha go léir ina bhfaighfeá bagún – go maithe an Fáidh dom é.

Quiz boird an caitheamh aimsire mór anocht. An grúpa Ragús le bheith ann an tseachtain seo chugainn chun comóradh cúig bliana 'an tsráidbhaile' seo a cheiliúradh. Sasanach é fear na gceisteanna. Ní éiríonn rómhaith leis an bhfoireann seo againne. Roy Keane, nó Manchain, nó puncghrúpa dearmadta éigin (dearmadta glan agamsa, ar aon nós) gach re freagra ceart. Athraíonn na ceisteanna ó sheachtain go chéile ach deirtear liom gurb iad na freagraí céanna i gcónaí iad, a bheag nó a mhór.

Tá deoraithe anseo ó gach áit agus léiríonn na ceisteanna agus na freagraí – gan trácht ar an aighneas bréige idir na foirne – an teagmháil chaol thaibhsiúil atá acu lena bhfód dúchais, má tá a leithéid acu níos mó. Ceist . . . an tír is lú daonra ar domhan? An Afganastáin, a deir Albanach aibí gan náire. An Vatacáin, a deir Sasanach searbhasach. An

Ghraonlainn, a deirimse, Gael gaoiseach. Bhí ina raic. Státchathair agus ní tír í an Vatacáin, arsa saoithín éigin go húdarásach. Cath seo na gceisteanna á throid ar mhaithe le cás beorach, nó ar son éarlaise, le bheith cruinn. Tabharfaidh an t-eischeadúnas an cás beorach don mbuaiteoir atá in ann a chruthú nach Moslamach é agus go bhfuil níos lú ná deich faoin gcéad dá theacht isteach á chaitheamh aige ar alcól, má thuigim an scéal i gceart. Ach níl sa chéapar seo ar fad ach mugadh magadh mar tá raidhse deochanna meisciúla ar fáil sna hóstáin go léir agus ní gá duit faic a chruthú sna háiteanna sin ach go bhfuil béal ort.

Cuirim cártaí abhaile go hÉirinn, cártaí a léiríonn rásaí na gcamall. (Ní gá dóibh a bheith buartha: dianchosc ar chearrbhachas sa tír seo . . . ainneoin gur in Dubai a ritear an rás capall is luachmhaire ar domhan). Thagraíos cheana do na rásaí camall im nóibhille, *Lacertidae*, mar is eol duit go maith, más duine den deichniúr thú a léigh (faoi dhó) é. San úrscéal tréitheach le hIsaac Bashevis Singer, *Scum*, deir an príomhcharachtar ann nach bhfuil sa saol i ndeireadh báire ach nithe ag

titim amach mar a chaithfidh a thitim amach, nithe a taibhríodh duit cheana, agus nach bhfuil ann ach go bhfuil tú á bhfeiscint anois den gcéad uair, mar dhea, le do shúile cinn. Fastaoim, a deirimse. Léas *Cumhacht na Cinniúna* le Tomás Bairéad fadó agus gan agam ach Gaeilge na scoile; ar chuma éigin, dhiúltaíos riamh don *kismet*, do nóisean sin na cinniúna. Ní hionann sin is a rá nach ann di mar chinniúint!

An chosmhuintir . . . I gcúinne beag den bpáipéar áitiúil, chím grianghraf a chorraíonn mé, grianghraf d'Áiseach bocht éigin a fuarthas marbh. Cé hé féin? Bás nádúrtha a fuair sé, de réir dealraimh, ach ní fios cé hé féin. Bás nádúrtha? B'fhéidir é, ach cé chomh nádúrtha is a bhí an saol a chaith sé anseo i measc na milliúnaithe? Is iad na hÁisigh – Indiaigh, Pacastánaigh, Filipínigh – a dhéanann an obair shuarach in Dubai, a ghlanann suas inár ndiaidh. Tá tuairim agam gur réamhbhlaiseadh is ea é seo – gurb é seo atá romhainn, an sách is an seang.

Is álainn iad na moscanna anseo ach meabhraíonn na foirgnimh eile Beirlín dom,

Oirthear Bheirlín aimsir an Chumannachais, agus is é a deir siad ná: 'Nach téagartha sinn anois! Nach orainn atá an rath!' Is ea, tá Teamhair ina féar agus féach an Traí mar atá . . .

An bhfuiltear ag teacht i dtír ar Indiaigh ar bhealaí eile fós? Chonaiceamar saothar an-bhreá le healaíontóir Indiach anseo, déanta as adhmad, iad ar díol ar 250 dirham an ceann, abair tríocha punt. (Beidh an euro i bhfeidhm faoin am a sroisfimid an baile, ar ndóigh. Bíodh). Is cinnte nach mbeadh a leath le híoc agat i gceantar dúchais an ealaíontóra. Ach ansan arís, seans nach mbeadh gailearaí ann chun a shaothar a chrochadh ach an oiread. Nach in é an domhan ina mairimid, an geilleagar saor . . . Saor sinn!

Tugtar an 'Creek' nó an góilín ar an ngaoth sáile a shníonn trí Dubai agus is ann a chífidh tú an *dhow*, an bád traidisiúnta atá ag trádáil leis an India agus leis an Afraic mar a rinne leis na cianta cairbreacha. Ar dhá thaobh an ghóilín a gheobhair na tacsaithe uisce; *abra* a thugann siad ar a leithéid. *Abracadabra*, tugann ceann acu trasna an ghóilín sinn,

radharc againn ar thithe spéire san áit a raibh gaineamhlach lom ag síneadh go fíor na spéire scór éigin bliain ó shin.

'Rolex! Rolex!' agus manaí eile ina mílte ag na mangairí. Ní gá a rá nach é an fíor-Rolex é ach macasamhail. An réamhbhlaiseadh eile é seo? An mbeimid in ann idirdhealú a dhéanamh idir an t-earra ceart agus an t-earra bréige?

Cheannaigh Eithne scaif di féin sa *souk*, margadh na dteicstílí. Má léis (faoi dhó) an leabhar filíochta is déanaí uaim, *Syójó*, is eol duit cén fáth nár chaitheas uaireadóir le beagnach dhá scór bliain anuas – ach brisim amach an babhta so. Géillim don am, sa deireadh. Ní maith mar a réitíonn an t-am le duine ar nós leis dearcadh ar an saol *sub speciae aeternitatis*. Thit an t-uaireadóir as a chéile an lá dár gcionn.

Tacsaithe uisce ag teacht is ag imeacht gan staonadh. An ghrian ag dul faoi. Uiscí an ghóilín ag éirí corcra, an domhan ag dorchú. Bleaist eile d'*Allah hu akbar* ar fud na bhfud, ó thúirín an mhoisc – tá Dia mór. Tá, gan dabht, arsa mise, á fhreagairt, agus Máthair mhaith Aige.

An mairnéalach misteach . . . Ar ais linn san *abra* agus lasmuigh den Al Abra Cafeteria, féach! Giolla freastail ar a dhá ghlúin, ag paidreoireacht. John Player Gold Leaf an fógra atá os a chomhair, ar leibhéal na súl. An mairnéalach féasógach, an lógó cáiliúil úd i lár crios sábhála, íomhá mhistéireach ó m'óige, agus ba dhóigh leat ón ngiolla cráifeach gur á adhradh a bhí sé. Ar ndóigh, tá Dia gach áit.

'Cé na súnna atá agaibh?' a fhiafraíonn Eithne den ngiolla, an t-aon ghiolla amháin nach bhfuil ar a ghlúine. Sú *papaya* a roghnaíonn sí.

'Is fada ó shú *papaya* a tógadh thú!' a deirimse léi. Caife agam féin. Siúcra ann; ní nós liom siúcra a ghlacadh ach nach cuma sa tsioc. D'ólfainn mún camaill tur te anois dá gcuirfí os mo chomhair é agus bheadh blas air. (Dála an scéil, an gcreidfeá nach bhfuil oiread is tagairt amháin don gcamall sa Chórán? Mheasas go luafainn anois é ar eagla nach mbeadh deis agam níos déanaí).

Eithne ag déanamh iontais cé chomh glan is a bhíonn an *kandoura* a chaitheann na fir, an chulaith-léine a chlúdaíonn ó bhonn go baithis iad. Eagla uirthi go n-iompóidh mé i m'Arabach; í ag cuimhneamh ar an méid iarnála a bheadh le déanamh.

Ní ar dhátaí amháin a mhaireann na daoine: an t-uafás roghanna bialainne in Dubai. Tugaimid Leo amach le haghaidh béile Polainéisigh. Mná leathnochta ag rince sa stíl Thaihítíoch agus scata ban Dubaiach ag breathnú orthu, leathalltacht, leathsceitimíní orthu.

Striapacha ón Rúis . . . Abhaile linn go dtí ár n-óstán féin ansin chun deoch an dorais a chaitheamh siar; tugann Leo faoi deara láithreach − an é gur saonta atáimidne? − gur striapacha Rúiseacha a leath dá bhfuil ag cuimilt meala leis na hArabaigh ghustalacha ann. Na nithe nach mbíonn sna treoirleabhair oifigiúla, ambasa.

Arabach ag ól todóige agus leathghloine Jameson ina ghlac, beirt striapach ar adhastar aige. Cad seo, in ainm an Fháidh? An bhfuil Ioslam ag titim as a chéile? Banna Sasanach ag seinm. Straois ar dhuine de na hamhránaithe agus *'Hotel California'* á rá aici. A déad neamhlonrach ina scáthán ar a hanam.

Ach ní ceart dom breith a thabhairt ar dhaoine mar sin. Seans gur cailín an-deas ar fad í agus nach leáfadh an t-im – im bainne camaill féin – ina béal. Fiafraím díom féin an bhfuil an 'cultúr' Lár-Atlantach (atá á chosaint go tréan ag Bush agus ag Blair sa 'chogadh' seo), an bhfuil an 'cultúr' sin ag dul i bhfeidhm ar na hArabaigh? Féachaim ar chréatúr acu. Féachaim ar na cuaráin atá á gcaitheamh aige. Níl a throigh ag bogadh i dtiúin leis an gceol, ná ordóg na coise féin. Á, caithfidh gur Arabach fós é ina chroí istigh, míle altú agus buíochas d'Allah. Buíochas mór le Dia na nArabach. Má fhillim ar an óstán seo i gceann deich mbliana, áfach, agus má fheicim mo dhuine romham, an mbeidh sé gafa? An mbeidh lúidín a choise ag corraíl oiread na fríde? Agus cad a imeoidh ar na striapacha nuair a thógfaidh cailíní níos óige a n-áit? Caithfidh mé teacht ar ais anseo lá níos faide anonn i mo choirnéal in Arm an tSlánaithe dom.

Gliomach eile ... Amárach buailfimid le cara le hEithne, Neasa McDonagh, Gaillmheach, le haghaidh lóin Iodálaigh. Tá na Gaeil gach

áit ... Rinneamar iarracht ar bhualadh léi níos luaithe ach bhí sí gafa – ranganna Teagaisc Chríostaí le heagrú aici dá mac.

Tá luaithreadán os mo chomhair i halla tosaigh an óstáin ina bhfuilimid ag cur fúinn, an Howard Johnson, agus *The Mystic Masseur* le V. S. Naipaul, á léamh agam ar mo shuaimhneas, úrscéal fíorthaitneamhach atá suite i measc an phobail Hiondúigh ar Oileán na Tríonóide. (Gheobhaimid amach i gceann cúpla lá gurb é Duaiseoir Nobel na bliana seo é). Arabach suite ag an gcéad bhord eile in aice liom; tugaimid sracfhéachaint amhrasach ar a chéile. Meabhraíonn sé seo dom an chéad chuairt a thugas ar an nGaeltacht: an ceart dom rud éigin a rá? An dtuigfí mé? An ndéarfaidh mé rud éigin as Béarla? Nó an gcúbfaidh mé siar go dtí mo dhomhan beag féin, domhan na leabhar is na fantaisíochta? Ní fada go ndúisítear as an domhan sin go grod mé.

'No swimming' ar seisean liom. Ní rabhas in ann a dhéanamh amach an ráiteas nó ceist a bhí ann. Cuirim toitín i mo bhéal. *'No wimming!'* ar sé. Cad tá sé ag iarraidh a rá, *'No*

women?' ab ea? Tosnaíonn sé ar gheáitsíocht ait a dhéanamh lena lámha. Ar nós snámhóra. *'No swimming!'* ar sé arís. *'Not good.'*

Dreancaidí camaill faoi d'ascaill ort, a deirimse leis i nGaoluinn ghlan na Mumhan. Lasaim toitín. Léimeann mo bhuachaill ina sheasamh. A thiarcais! Cad tá tarraingthe agam orm féin? Bogann sé go bord eile. Ligim osna bheag faoisimh. Stánann sé orm anall. Léim leathanach nó dhó as an úrscéal. Caithfear leabhar a chogaint chun an sú a fháscadh as, a deir an seanfhocal Síneach ach níl mo bhuachaill chun ligint dom aon bhraon a bhlaiseadh inniu. Ardaím mo cheann. An *'frigger'* fós ag cur na súl sceana tríom. Tá sé i ngrá liom, b'fhéidir. Nó is fuath leis mé, mise agus gach ball den gcine geal a rugadh riamh. Lasaim toitín eile, ar mhaithe leis na néaróga, an dtuigeann tú. Éiríonn Lorcán na hAraibe ina sheasamh. Bailíonn sé leis as an áit ina chuaifeach.

'Go ngnóthaí Allah dhuit,' arsa mé ina dhiaidh, faoi m'anáil, i nGaeilge uasal Chonamara. (Theastódh níos mó ná canúint amháin uait sna bólaí seo, leoga).

Mo shamhlaíocht ag spréacharnach. Nílim in ann díriú ar an úrscéal ná greann ar bith a bhaint as. An bhfillfidh an fear buile agus miodóg fhada ghéar – *khanjar* – ina dhorn aige? Níl d'arm agamsa in aice láimhe ach an peann. An treise an badhró ná an *khanjar*?

Lón againn le Neasa McDonagh san Emirates Tower, ceann de na hóstáin is galánta ar domhan. Nach deacair a bheidh sé an bhochtaineacht atá romhainn in Mumbai (Bombay) a thuiscint . . . an chéad stop eile atá againn.

Aire Cosanta ar iarraidh . . . Is le Sheikh Mohammed an t-óstán seo, agus scata óstán eile, fear a bhfuil a ainm in airde i measc *aficionados* rásaí capall. Is é Aire Cosanta na tíre seo é chomh maith, bail air. Caithfidh sé go mbraitheann sé nach baol do na hÉimíríochtaí mar cá raibh an diabhal nuair a bhris an 'cogadh' seo amach ach thall in Perugia na hIodáile agus é ag iomaíocht i gcomórtas marcaíochta. Bhuaigh sé, gan dabht. Dealraíonn sé gur tábhachtaí leis a chuid caitheamh aimsire ná cogadh ar bith agus is é an trua gan an meon céanna a bheith

ag airí cosanta an domhain trí chéile, an fear
againn féin san áireamh, pé in Éirinn é!

Thart ar 400 teaghlach Éireannach atá in
Dubai, a deir Neasa linn. Is leasc léi cairdeas
a dhéanamh lena comhthírigh mar ná fanann
a bhformhór ach dornán beag blianta; imíonn
siad arís ina ngéanna fiáine dóibh.

Smaoineamh an lae

Ní haon rud nádúrtha í an urlabhra; míorúilt is ea í.

Eugen Rosenstock-Huessy

Róideo . . . Is beag nach raibh ceithre cinn de thimpistí againn sa tacsaí ó Aerfort Mhumbai go dtí an t-óstán. Rothar gluaiste a tháinig róghar dúinn an eachtra ba mheasa. Scríobadh géar an mhiotail, maslaí agus paidreacha in aon turlabhait amháin. In áit stopadh, áfach, lean idir thacsaí agus rothar gluaiste orthu. Ní thuigim ó thalamh an domhain conas nár teilgeadh fear an rothair ar mhullach a chinn amach sa tsíoraíocht. Cleas éigin róideo amháin, ní foláir, a d'fhág greamaithe dá fheithicil é sular scinn sé de sciuird fhiarlaoideach isteach sa smúit réamh-mhaidneachain.

Colún coicísiúil ag Namita Devidayal sa *Bombay Times* ina bpléann sí cúrsaí gnó. Deir sí go bhfuil na mílte oibrithe mná in Mumbai agus gan leithreas oifige dá gcuid féin acu. (Nílim ach á lua ar eagla nach raibh an scéal ar *Lá* nó ar *Foinse*). Bíonn orthu dul amach agus óstán a aimsiú a thabharfaidh bheith istigh agus faoiseamh dóibh ar feadh tamaillín, é sin nó dul i muinín '*ancient yogic retentive techniques*', mar a deir sí. Múnann gá seift . . .

Déanann Namita cur síos ar chás truamhéalach amháin. Bean a chuaigh go dtí an leithreas an mhaidin áirithe seo agus a fuair amach nach leithreas a bhí ann a thuilleadh – cad déarfá ná go raibh fógra lasmuigh de thigín an asail, SPÁS OIFIGE – AR CÍOS. Agus scuaine ag feitheamh chun bogadh isteach ann. Bhuel, más santach iad cuid de thiarnaí talún na hÉireann, ar a laghad ar bith níl cúrsaí tagtha go dtí an staid sin go fóill.

Faoi bhriocht? Cúpla uair an chloig codlata . . . Ní túisce amuigh faoin aer sinn ná seo chugainn gan chuireadh gan iarraidh an treoraí mná breabhsánta seo agus táimid gafa ina líon. Níl cleachtadh ag ceachtar againn go fóill ar an droim láimhe a thabhairt do dhaoine. Caithfimid foghlaim, is baolach. Is dócha go n-aithníonn sise láithreach nach fear gnó atá aici ionamsa agus gur cúinsí meitifisiciúla a thug chun na hIndia mé mar is é an chéad rud a deir sí liom ná go bhfuil 39,000,000 dia in Mumbai amháin. (Níl ach 10,000,000 duine ann). Ní théann an blúire eolais seo rómhór i bhfeidhm ar Eithne. Is maith an rud é go bhfuil duine againn ar a chiall.

Mumbai,
ceirteacha ar an gcosán —
corraíonn colainn iontu

'Féach,' a deir an treoraí, ag díriú méire di ar ghadhar sclamhach, 'tá Dia sa ghadhar sin. Tá Dia sa chat!'

Déithe ag rith i ndiaidh a chéile, nach ait an mac an saol, a deirimse liom féin. Bheinnse sásta í a leanúint go deireadh mo shaoil agus í ag cur na ndéithe go léir in aithne dhom. Ach ní hé sin an sceideal atá ceaptha aici dúinn.

An nathair agus an bainne . . . Feicim mealltóir nathrach ar thaobh na sráide agus é ina shuí ar a ghogaide. Duine beag feosaí, go bhféacha an 39,000,000 dia anuas air. Ba dhóigh leat gur ina shuí ansin a bhí sé le 1,000 bliain anuas gan cor as agus gur anois díreach a phioc an bheach é chun fáilte a chur romhainn.

'Tá Dia sa nathair!' arsa ár dtreoraí gealgháireach deabhóideach. Agus fear na nathrach? Tá an diabhal féin ann, is dócha. Osclaíonn mo dhuine a chiseán, ach go háirithe, agus seo aníos an ríchobra lúbarnach. Tugann fogha binbeach faoina úinéir. Bacach sráide, tosnaíonn sé ar pheataireacht a dhéanamh leis an nathair, ag rá linn ina theanga féin, deinim amach, go bhfuil an nimh nó na goineoga féin

bainte amach as an nathair agus nach baol dúinn.

'Bailigh leat as seo, a scraiste,' a deir an mealltóir nathrach, nár labhair le 1,000 bliain, leis an mbligeard sráide. Glacaimid grianghraf den bhfear bocht cráite agus a ríchobra. Sínim deich rúipí chuige mar chomhartha buíochais.

'Ar chraiceann do chluaise, ná dein,' arsa ár dtreoraí neamhoifigiúil. 'Ólfaidh sé an t-airgead sin! Ceannaímis bainne don nathair!'

Smaoineamh maith, a deirimse i m'aigne féin. Ach, fan . . . an ólann nathracha bainne? Leanaimid í. Treoraíonn sí go dtí siopa beag sinn. Ardaíonn a lámh agus stopann sí an trácht, mar a rinne mo dhuine san amhrán úd 'The Mountains of Mourne'. Slua dár leanúint faoin am seo. Eithne ag éirí pas beag neirbhíseach. Sroisimid an siopa, ag iarraidh a bheith ag breathnú romhainn agus inár ndiaidh san am céanna.

'Bainne don nathair,' arsa mise go neafaiseach le fear an tsiopa. Féachann sé ormsa. Féachann sé ar an slua atá cruinnithe timpeall orainn, agus ar ár dtreoraí fuinte fuinniúil. Mallacht Naomh Pádraig air seo mar scéal, a deirim liom féin. Baineann beirt déagóirí mála bainne phúdraithe anuas den tseilf uachtarach. Nócha rúipí. Tugaim céad dóibh. Ní bhacaim leis an tsóinseáil. Tugaim an mála d'fhear na nathrach. An gnó déanta. Féachann seisean ar an mála. Nílim róchinnte cad tá ar siúl, chun na fírinne a rá leat. An é Lá na nAmadán in Mumbai é? An mealltóir nathrach ag iniúchadh an mhála. Ní raibh aon phlaisteach ann míle bliain ó shin, cuimhnigh, agus is féidir nach bhfuil a fhios aige cad tá tugtha agam dó. Mála óir?

'Leanaigí mise!' a deir ár dtreoraí go díograiseach. Tá Eithne ag féachaint ormsa. 'Cad tá ar siúl?' ar sise, creathán beag ina glór.

'Diabhal an bhfeadarsa,' a deirimse léi, 'lá dár saol é.'

Agus an chéad rud eile táimid istigh i gceardsiopa . . . teicstílí . . . seodra . . . iontais an Oirthir. Ár dtreoraí imithe faoi mar a shlogfadh an talamh í. Cuirtear inár suí sinn láithreach agus doirtear tae luibheach dúinn. Blasta, athbheochta, tar éis ruaille buaille na sráideanna amuigh agus a bhfuil gafa tríd ag ár gcéadfaí idir bholaithe is uile. Is dochreidte ar fad é an *spiel* atá ag fear an tsiopa dúinn agus é ag iarraidh an Béarla breá atá aige a aclú. Deirimse leis (ar eagla nár shoiléir é) nach fear gnó chuige mé, go bhfuilimid ar bhuiséad teann, nach bhfuil ionam ach file bocht ó Oileán na Naomh is na mBard. Is léir má tá file ar bith sa seomra nach mise é ach eisean. Dhíolfadh sé bainne le bó, mar a deir na Hiondúigh. Tar éis dúinn breathnú ar an iliomad nithe gleoite éiríonn leis a fháil amach ó Eithne cé na clocha lómhara nó na clocha leathlómhara a thaitníonn léi, na dathanna a thaitníonn léi; braithim go raibh sé ag plé lena tuismeá ina chloigeann féin – cé nach cuimhin liom go ndúirt sí leis gur faoi chomhartha an Phortáin a rugadh í; seans go raibh sé in ann a haigne a léamh. Pé ar domhan scéal é, ar seisean go tobann binn plámásach:

'Féach ar an aimitis seo. Ar leagais do shúil gheal riamh ar chruth chomh neamhchoitianta leis nó ar dhath chomh híogair leis?'

Bhí orainn a admháil go raibh sí ar áilleacht an domhain mar chloch. An raibh hiopnóis ar siúl aige? Féachann sé ormsa go staidéartha, féachann ar an gcloch, ar Eithne, agus féachann sé ansin go domhain isteach ina anam féin.

'Má dhéanaimse muince as an aimitis seo do do bhean,' ar sé, 'ar m'anam féin féinig ní fhéadfá a shamhlú go deo an lúcháir a bheidh uirthi ní hamháin inniu ná amárach ná amanathar ach, a dhuine na n-árann, an lúcháir a bheidh ina croí istigh go brách brách na breithe.'

Bhuel, níor mhaith liom lúcháir a cheilt ar mo bhean ach ní fheicim go bhfuil dualgas ar bith orm lúcháir a chur ar mo Svengali anseo. Scanraíonn an praghas sinn. Gá le súimín eile tae. (Nó fuisce, dá n-abrainn é). Táimid faoi dhraíocht ag an aimitis, níl aon dabht faoi, an aimitis i bhfoirm súile. Buaileann frídín amhrais mé. An bhfuil rud éigin sa tae? A Naomh Breandán, pátrún na dtaistealaithe, tar i gcabhair orainn, más é do thoil é. Thar a bhfeacaís riamh. Táimid in umar na haimitise.

Scríobhaimid figiúr isteach sa leabhar nótaí atá os a chomhair aige. Breacann seisean figiúr eile síos. Is gearr gur geall le cóipleabhar uimhríochta é agus a bhfuil d'fhigiúirí breactha síos againn, siar is aniar gach re seal. Cluiche leadóg bhoird.

Faighimid ar leathphraghas é sa deireadh, nach mór, agus braithimid go bhfuil cath mór, Cath na hAimitise, buaite againn. Maíonn sé agus tocht ina ghlór nach bhfuil puinn brabúis déanta aige an iarraidh seo ach toisc géarchéim dhomhanda a bheith ann agus easpa cuairteoirí agus, go deimhin, toisc gur sinne na chéad chustaiméirí inniu aige – comhartha dea-áidh, ní foláir – déanaimid an margadh. Is dócha go bhfuil cúpla rúipí ag dul dár dtreoraí leis, pé áit in Mumbai ina bhfuil sí.

Ar an gcéad amharc, déarfadh Gael ar bith gur breá ar fad an rud é go bhfuil na hainmneacha Gallda á gcaitheamh amach ach tá an scéal níos casta ná sin, mar a mhíníonn Christopher de Bellaigue (nó Bellyache mar a thugaimse air):

Once India had a liberal city called Bombay. Its businessmen were cannier than those of the rest of socialist India, its rich more cosmopolitan, its cricketers more flamboyant. Bombay's was a relatively pluralistic tradition, too. In faraway Calcutta, India's British colonizers had spent the nineteenth century

Suantraí na long
i gCuan Mhumbai —
tachráin ina luí i lúb a chéile

creating a paternalistic seat of empire with heavy-handed imitations of English buildings. In Bombay, on the other hand, prosperous native businessmen collaborated with their foreign masters to create a port city whose architecture amalgamated, with appropriate symbolism, European and Indian styles. Well into the 1990s it was possible to explain, as many did, the incidence of the city's poverty and corruption as the natural concomitants of Bombay's commercial dynamism . . .

(India: A Mosaic)

Agus cad a tharla? Conas tá an scéal anois? Leanann de Bellaigue air:

Now, India has an ugly, disturbing shrine city called Mumbai. It is a Hindu shrine, since the diverse, generally tolerant religion practised by four out of five Indians has acquired a venomous political identity in the very city where religious minorities like the Muslims, the Jains and the Parsees have tended to do best. Officially, Bombay turned into Mumbai in 1996, when the Hindu nationalist government of the state of Maharashtra decided to rename the state capital in the Marathi vernacular. But the context for this semantic shuffle was a rejection of the secular, universalist values espoused by Mohandas K. Gandhi and Jawaharlal Nehru . . .

(ibid)

Más é atá á rá aige gur fearr cúrsaí creidimh agus cúrsaí polaitíochta a scaradh óna chéile, bheinn ag teacht leis go hiomlán. Thóg sé tamall fada orainn féin é a dhéanamh, nár thóg?

Smaoineamh an lae

Is é is Dia ann dáiríre ná an cumas chun an fhírinne a labhairt agus is iad na torthaí as a chéile a bhíonn air sin ná go dtarlaíonn, leis, an rud atá ráite. Duine ar bith a labhraíonn, creideann sé i nDia de thairbhe na labhartha. Níl gá le forógra creidimh. Níl gá le reiligiún.

Eugen Rosenstock-Huessy

Seo linn go Kerala . . . Ó dheas linn go Trivandrum, in Kerala, agus tá carr romhainn ag an aerfort ansin, Ambassador bán, chun sinn a thabhairt go Somatheeram, ionad saoire cois trá, naoi gciliméadar ó Kovalam, agus clinic cáiliúil Ayúirvéideach, córas leighis traidisiúnta na hIndia. Ár gcéad cheann scríbe i gceart; stopanna ar an mbealach anseo ab ea na háiteanna eile go dtí seo.

Tigín ceann tí againn ann, uimhir 202, tógtha de réir phrionsabail eolaíocht na hailtireachta traidisiúnta, *Vasthusilpa*; ní tuí é, ar ndóigh, ach duilleoga cnó cócó. Caithfear foirm a chomhlánú i dtosach. An gcreideann tú i nDia? Cé chomh minic is a théann tú go dtí an leithreas? Rudaí bunúsacha, tá a fhios agat. Agus go leor eile; cuir i gcás, an mbíonn tart ort go minic? An deise leat bianna searbha ná bianna milse agus mar sin de go heireaball siar. Deirtear linn ansin cén saghas sinn de réir an chórais ársa Ayúirvéidigh seo agus tosnófar amárach ar an gcóir leighis.

An mbeidh orm mún a ól? Is léir go bhfuil an córas curtha in oiriúint dár leithéidí, Eorpaigh. Is maith an scéal é sin mar ón staidéar beag atá déanta agam féin ar an gcraic seo tá rudaí buile, dar linn, ag baint leis. Bainne an chamaill *(ustra payas)*, cuir i gcás, an leigheas is fearr ar bhromaireacht. Radharc na súl ag teip ort? *Hasti payas* atá uait, bainne eilifinte. Mura bhfuil fáil agat air sin, táithín cadáis agus é ar maos i mbainne cíche – sea, bainne mná – agus é a leagan go deas bog ar na súile. Agus bainne na bó? Bhuel, ná hól istoíche é ach amháin más páiste thú. Bainne gabhair teolaí a chorraí le slaitín adhmaid má tá afraidíseach uait. Mura n-oibríonn sé sin, bain triail as an mbláthach.

Deireadh na Gaeil, 'An rud nach leigheasfadh im nó fuisce níl leigheas air'. Ach ansin dúradh linn nach raibh an t-im go maith dúinn agus tháinig margairín agus earraí eile ar an bhfód. Tá an-mheas ar an im san India, go háirithe an t-im léirghlanta ar a dtugtar *ghee*.

Níor ólais mún riamh, is dócha. Bhuel, ní dhéanfaidh mún na bó dochar dá laghad duit – is amhlaidh a neartaíonn sé an intinn. Is cóir dom a rá ag an bpointe seo nach bhfuil údar an leabhair seo, ná na foilsitheoirí, na clódóirí, na dáileoirí, na díoltóirí *etc.* freagrach in aon slí as taisme ar bith a bhainfeadh de léitheoir ar bith as glacadh leis an gcomhairle leighis seo ar fad!

Mún gabhair nó mún caorach má tá asma ort. Mún asail más galar meabhrach atá ort. (Láir asail, más féidir, ach déanfaidh an stail cúis i gcás éigeandála).

Rinne athair Eithne, an Dr Seán Ó Cléirigh, beannacht Dé leis, staidéar san India ar an gcóras leighis seo. Is é a bheadh sásta sinne a fheiscint anseo inniu. Is trua nár éirigh leis a aisling a fhíoradh, clinic Ayúirvéideach a oscailt i mBaile Átha Cliath.

Tuairim mhaith againn, mar sin, cad a bheidh i gceist leis an gcóir leighis seo, go leor imchuimilte agus íocshláinte luibheach nó dhó le caitheamh siar cúpla uair sa ló, luibheanna atá á bhfás ag an institiúid seo, Somatheeram.

Idir an dá linn, féachaimid thart orainn agus táimid ar aon intinn go bhfuil Parthas bainte amach againn. Ardán i ndiaidh ardáin de thigíní an bealach ar fad síos chun na Mara Arabaí, iascairí amuigh de ló is d'oíche, leoithne éadrom trí na duilleoga pailme, bláthanna borba de gach cineál agus de gach dath, corrchearc ag scríobadh an ghainimh, piscín cait ag faire amach do chreimirí, do fhroganna agus do chnádáin faoin scáth is iad go sámh i mbun machnaimh, feithidí go glórach meanmnach, seangáin ag rith thart i mbun a gcuid dualgas rúnda, féileacáin ildaite á seoladh soir is siar ag gaoth farraige faoi gheal-loinnir ghrian an tráthnóna . . . ach thar aon ní eile, muintir ghealgháireach Kerala féin, Dia á mbeannú.

Tá na mangairí gach áit, ar an dtráigh féin. Scaifeanna á ndíol acu. Buaileann buachaill bleid orm. Deir sé gur seacht mbliana déag d'aois atá sé ach ní fhéachann sé go bhfuil na déaga bainte amach aige go fóill. Mheasas gur ag déircínteacht a bhí sé. Maslaím é nuair a deirim nár thugas oiread is rúipí amháin liom. Geiteann sé, seasann troigh uaim siar.

'Ní rúipithe atá uaim,' ar sé, 'níl uaim ach labhairt leat faoi chúrsaí sacair!' An fear mícheart agat, is baolach. Fear thráth na gceist in Dubai a bhí uait. Athraímid an comhrá láithreach agus is cúrsaí scannán atá

Faoina sarí buí-órga
siúlann stáidbhean
ar ghaineamh na mílte bliain

idir chamáin anois againn. An bhfaca mé *Titanic*? Chonac, ar ndóigh. Maíonn a ghean gáire air. Tá rud éigin comónta eadrainn. Ach cuirim mo chos ann arís. Cad ba mhaith leat a dhéanamh nuair a bheidh tú mór? Ar mhaith leat a bheith i d'iascaire? Iascaire, ab ea? Iascaire? Cé a lig amach thú, an rud atá á rá ag a shúile liom. Ina dhochtúir a bheidh sé, ina dhochtúir Ayúirvéideach. Cad eile!

Titeann an oíche go tobann. Na tonnta agus na feithidí níos glóraí.

Más suaimhneach é Somatheeram, níl Kerala ar fad faoi shuaimhneas. Léim ar an nuachtán *The Hindu* go bhfuil Aire ar a dtugtar *The Minister for Backward Classes* ag scrúdú éileamh na dtreibheanna ar thalamh breise agus ar dheiseanna fostaíochta a bheith acu. An chéad rud a chaithfidh sé a dhéanamh, feictear domsa, ná ainm na haireachta sin aige a athrú.

Brách-brách . . . Tá na préacháin in Kerala thar a bheith dána. Fuaireamar pláta mór torthaí mar iarphroinn aréir – ina measc caora fíniúna agus an banana dearg – agus choimeádamar an fuílleach le haghaidh bricfeasta. Tháinig na préacháin chun bricfeasta a roinnt linn, ag éileamh a gceart go glórach. Sna caora fíniúna beaga is mó a bhí a spéis. Sciobadar crobhaing chaor agus bhaineadar na caora ina gceann is ina gceann, iad á gcur i dtaisce ansin mar a dhéanfadh iora le cnó, iad á gcur i bhfolach faoi dhuilleoga cnó cócó an dín agus i bpota bláthanna. Ach níor le haghaidh lá na coise tinne iad mar ní dóigh liom go raibh cos thinn ar phréacháin Kerala le cuimhne na gcat; seo arís ag ransú iad agus ag iarraidh na caora a shlogadh. Agus an ceart acu mar mura n-íosfaidís anois iad bheidís ag neach éigin eile gan aon rómhoill.

Chuimhníos ar scéal a léas fadó faoin saoi naofa, Ramana Maharshi. Chonaic sé deisceabal dá chuid agus é ag radadh cloch le préachán. Chuir an saoi stop leis an obair sin láithreach. Is amhlaidh a d'aithin sé an préachán: anam bocht ag cur a chuid peiríocha de i gcruth éin. Más buan mo chuimhne, cailleadh an préachán sin i bhfad na haimsire agus tógadh leacht in ómós dó. B'fhéidir go bhfuil an chuid sin den scéal á samhlú anois agam, ní fhéadfainn a rá go

Lampróga i dtaibhreamh —
soilse na mbád iascaireachta
ag súgradh sa bhfarraige

beacht. Ar aon chuma, is iontach an dream iad na préacháin, Máire Ní Dhálaigh san áireamh. Go maire siad go brách-brách!

Nuair a bhaist na Gaeil na hainmhithe, na héin agus na feithidí a bhí ina dtimpeall, feictear dom go raibh ómós á thabhairt acu dóibh – agus cosaint: Donncha an Chaipín, Jónaí an Scrogaill, Máirín an Chlúimh, an t-éinín beannaithe, an bhóín Dé . . .

Tá go leor leor garrán beannaithe in Kerala, breis is míle acu, agus níor cuireadh isteach orthu riamh, go dtí le déanaí, faoi mar ná leagtaí lios in Éirinn, cuir i gcás; chuidigh an dearcadh ómósach sin go mór le caomhnú an éiceachórais anseo. Sa tslí sin, pé dul chun cinn a dhéanfaidh muintir Kerala amach anseo, agus guím rath orthu is séan, ba thubaisteach an ní é – don éiceachóras féin agus dá réir sin don slabhra bia, ní áirím an éiceathurasóireacht – ba thubaisteach ar fad é dá gcaillfí an tuiscint sin. Bhíos i ndúthaigh Cholm Cille i dTír Chonaill ní fada ó shin agus is iontach an meas atá ag an bpobal áitiúil ar an 'gcréafóg' atá á cosaint ag na Frighligh ann; duine ar bith a théann ar imirce, abair, tugann sé leis píosa den gcréafóg bheannaithe sin. Is minic a scrúdaíonn lucht custaim an chréafóg chéanna, á mheas gur druga éigin atá ann.

An Naga . . . Tugtar ómós ar leith in Kerala agus in áiteanna eile san India don nathair-dhia, an *naga*. (Feictear dom go bhfuil an dá fhocal sin *naga* agus *nathair* gaolta lena chéile). Rinneadh limistéir a chaomhnú chun go mbeadh saoirse ag an *naga*. Gan dabht, tá an-éileamh ar thalamh ar na saolta seo agus tá lucht eolaíochta agus lucht an réasúnachais ag iarraidh an bonn a bhaint de na seanphiseoga, más piseoga iad; na heolaithe is fearr orthu, áfach, tuigeann siad nach féidir an traidisiún a shárú.

Thug fliúiteadóir áitiúil cuairt orainn an oíche cheana agus sheinn sé píosa spleodrach dúinn in ómós don *Nagaraja*, Rí na Nathracha. Fliúiteanna bambú a sheinneann sé. D'fhéadfá fios a chur ar dhlúthdhiosca leis ach ríomhphost a chur go dtí sanigeorge@hotmail.com agus tuigfidh tú nach ar strae a bhí an Riadach nuair a mhaígh sé go raibh ceol traidisiúnta na hÉireann gaolta le ceol traidisiúnta na hIndia. Tá, agus go leor gnéithe eile den gcultúr: an dlí ársa, an

Capaillíní Mhanannáin
um mheán oíche —
seitreach grásta

tseanlitríocht, an naomhsheanchas agus mar sin de. Nach ionann an Bhóinn ó thaobh sanasaíochta de agus Govinda, ainm eile ar Krishna; agus nach dhá bhó ón India a thug bainne d'Eithne, ní m'Eithnese, ach an Eithne a mhair ar bhruach na Bóinne san am anallód. Ní bréag í an fhírinne.

Ní fios cad iad na hainmhithe, na héin, na feithidí agus na reiptílí a bhfuil cónaí orthu sna garráin bheannaithe nó a thugann cuairt orthu – an frog, an laghairt, seangáin, seilidí, péisteanna talún, préacháin, ulchabháin, pearóidí, dordéin, beacha, féileacáin; cabhraíonn francaigh, lucha, ioraí, giorraíocha agus a gcairde le scaipeadh na síolta agus na dtorthaí. Ní haon ionadh go ndeir éiceolaithe nach bhfuil ach deich gcinn de pharthais nádúrtha fágtha ar an saol agus gur ceann acu is ea Kerala. *Floreat!*

Ach tá glúin nua ag éirí aníos faoi láthair agus níl an creideamh stóinsithe céanna acu is a bhí ag an seandream. Cuid mhaith de na garráin bheannaithe i mbaol, faraor géar; luibheanna leighis á sciobadh go tiubh agus síoréileamh ar thalamh cónaithe agus ar thalamh saothraithe ann. Má mheathann an t-éiceachóras míorúilteach rí-álainn seo, ní fios conas a chuirfear isteach ar gach lúb de shlabhra na beatha ann. Ceap do rogha rud faoi nathracha a adhradh . . . piseogacht, gintlíocht, anamachas, seámanachas, deargphágántacht, is cuma; an dúlra agus caomhnú an dúlra a bheidh thíos leis má imíonn leá mhún Mhóire ar an gcreideamh sin, chomh cinnte is atá púdar i nDoire.

Ceaptar go coitianta gurb é *kera* (nó cnó cócó maoth) a thug a ainm do Kerala ach ní hamhlaidh atá, de réir na ndea-leabhar atá léite agamsa. Ciallaíonn an réimír *cher* 'breis'. Is talamh breise é seo, mar sin, aguisín i scríbhinní Dé, talamh a bhí tráth faoin Muir Arabach – an mhuir chéanna ar a bhfuil iompróirí aerárthaí Mheiriceá faoi láthair – talamh a nocht tar éis gníomhaíochtaí bolcánacha nó gníomhaíochtaí seismeacha.

Tír ársa. Feicfidh tú dolmainí anso a mheabhródh ár n-iarsmaí meigiliteacha féin duit. An ndearnadh riamh staidéar comparáideach eatarthu?

Féileacán mór mallghluaiste
i measc na gcrann pailme —
dreoilín ar meisce

Riamh anall bhí creidimh éagsúla in ann maireachtaint faoi scáth a chéile in Kerala. Tomás an Amhrais, Aspal, a thug an Chríostaíocht anseo sa bhliain 52 A.D. agus ainm coitianta anso is ea Tomás.

Tá tuairim is 15,000 duine in Kerala ar leigheasóirí Ayúirvéideacha iad, creid é nó ná creid; na mílte duine ag plé le plandaí leighis, á mbailiú agus á n-easpórtáil. Cuimhním ar Cyril Ó Céirín, beannacht Dé leis, agus a bhean Kit, údair *Wild and Free,* agus an neamart a dhéanaimid féin sa chuid sin dár n-oidhreacht luachmhar.

Brahmi . . . Thuig na dochtúirí anseo in Somatheeram go rabhas beagáinín as mo mheabhair, mé ag iarraidh smaoineamh ar an iomarca rudaí san am céanna, ina measc an 39,000,000 dia a d'fhágamar croíbhriste inár ndiaidh in Mumbai. Thugadar piollaí gorma dom ina raibh 28 luibh ar fad, ina measc *brahmi.* Anuas air sin, d'ullmhaigh an príomhící taos den *brahmi* dom le tógaint gach oíche ar mhaithe leis an gcóras néarógach lárnach. D'éirigh liom greim a fháil ar leabhar mór groí – fág fúmsa é – ina bhfuil liosta cuimsitheach de na luibheanna Ayúirvéideacha a úsáidtear sa dúthaigh seo. Á, tá sé ann, an *brahmi* céanna. Anois, más luibheolaí thú, seans go n-aithneoidh tú é faoina ainm Laidine, *Bacopa monnieri.* Sa chur síos ar an leaid seo deirtear gur íocshláinte an-mhaith don inchinn é; baintear leas as chomh maith chun déileáil leis an titeamas. Ar fheabhas, mar ní fheadair aon duine na stoirmeacha leictreachais a bhuaileann m'inchinn ó thráth go chéile. Deir Eithne gurb é an deoch é; deirimse gur easpa *brahmi* é.

Is maith liom an seanscéal faoin leigheasóir Ayúirvéideach, Jivaka. Sula nglacfaí leis mar mhac léinn leighis cuireadh é féin agus a chompánaigh amach agus iarradh orthu plandaí a bhailiú, plandaí nach raibh éifeacht leighis ar bith ag baint leo. D'fhill na compánaigh um thráthnóna agus birtín plandaí acu go léir. Níor tháinig Jivaka ar ais an lá sin ná an lá ina dhiaidh. Nuair a d'fhill sé sa deireadh, agus a dhá lámh chomh fada lena chéile, ar seisean leis an Dvarapala, leis an ngeatóir: 'Níor éirigh liom teacht ar phlanda ar bith, ar rud ar bith, nach raibh a luach leighis féin ag roinnt leis.'

Is fearr an ola luath ná an ola dhéanach... Anuas ar na cógais seo deirtear linn cad is ceart a ithe agus a ól, cad is ceart a sheachaint. Uair an chloig go leith gach lá d'imchuimilt, leis na lámha ar dtús agus ansin le bonn na coise, beirt do do leadradh agus gan luid ort. Ina dhiaidh sin tosnaíonn siad ar an *thaila dhara*, ola théite ag sileadh anuas ar do chlár éadain. A Thiarna an Domhain is a Rí na Cruinne, mar a deireadh mo mháthair. (A Rí na Tine, a deireadh sí chun na fírinne a rá, ach dúrtsa léi go gcaithfidh nár chuala sí i gceart é óna hathair, é sin nó gur págánaigh ab ea iad). Bhuel, is mór idir a bheith bealaithe in Kerala agus a bheith *'well-oiled'* ag baile, mise á rá leat.

Éirí Amach na Cásca... Ar léis (faoi dhó) *A Suitable Boy* le Vikram Seth? Dein. Níl ach 1,474 leathanach ann. Tá eachtra ann ina ndéanann léachtóir sóisearach iarracht ar James Joyce a chur ar an gcúrsa ollscoile. Níl an t-ollamh róshásta leis an moladh seo. *'This kind of writing is unhealthy for our students,'* a deir sé. Bhí spéis agam a fháil amach an raibh stádas ar bith ag scríbhneoirí na hÉireann san India agus cheannaíos *An Anthology of English Poems*, a léitear sa dara bliain den gcúrsa B.A./B.Sc., foilsithe ag Gautam Publications, Calicut. Rs.15 a thugas air. Dosaen dán ann, ceann acu leis an Yeatsach, *'Easter 1916'*. Thuigfeá, is dócha, cad a thug orthu an téacs áirithe sin a roghnú. Bhí an fhadhb chéanna ag na hIndiaigh is a bhí againn féin – conas na Sasanaigh a chaitheamh amach. Bhuel, má caitheadh amach iad tháinig siad ar ais arís tríd an gcúldoras mar níl siopa leabhar feicthe fós agam nach bhfuil P. G. Wodehouse ann taobh le hAurobindo, duine a rinne cion fir chun na Sasanaigh a dhíbirt (cé gur i Sasana a cuireadh oideachas air) sular iompaigh sé ar ghnó a bhí chomh tábhachtach leis, an misteachas agus an fhealsúnacht. Ar aon chuma, cad tá le rá sna nótaí faoin dán breá sin agus faoi fhear a chumtha? *'He was born in Irelarrd,'* a deirtear linn agus bhí sé i ngrá le Malld Gorlas. Ní fhéadfadh aon duine – ní fhéadfadh file – a bheith i ngrá le duine den ainm sin. Mura gceansaíonn an *brahmi* ar fad mé táim chun gearán a dhéanamh.

Cuairt ar an bpálás mór adhmaid, séadchomhartha, Pálás Padmanabhapuram, in Thuckalay. Leaba an rí le feiscint, i measc mórán seod eile, an 'Medicinal Cot' a bhronn Comhlacht Dúitseach na hIndia Thoir air, 64 sórt adhmaid Ayúirvéidigh ann. Móitíf an dragain thall is abhus, fianaise ar an trádáil a bhíodh ar siúl idir Kerala agus an tSín.

Táimid ag iarraidh teacht isteach ar an teanga áitiúil in Kerala. *Nandhi* is ea 'gura maith agat' agus *nale kannam* is ea 'feicfidh mé amárach thú'. Tugaim faoi deara gur beag eachtrannach thart anseo a dhéanann aon iarracht in aon chor ar aon siolla eile a fhuaimniú ach Gearmáinis nó Béarla. Caithfear an t-impiriúlachas teanga seo a chloí, ar ais nó ar éigean.

Tugaimid ár n-aghaidh ó dheas arís go Kanyakumari. Atarraingíodh na teorainneacha sna caogaidí, ar bhonn teangacha, agus ní in Kerala atáimid a thuilleadh ach sa stát béal dorais dó, Tamil Nadu.

Tagann trí fharraige le chéile sa rinn seo agus d'aithneofá miondifríocht dathanna sa sáile, an Mhuir Arabach, an tAigéan Indiach agus Bá Bheangál, dath acu ar dhath na haimitise a cheannaíomar ó Svengali. Tá súil agam go raibh an dara custaiméir aige an lá sin.

Tagann daoine anseo ó chian is ó chóngar chun breathnú ar éirí nó ar luí na gréine ann. Leacht cuimhneacháin do Gandhi anseo san áit ar luigh a luaithreach tamall; poll sa díon trína lonraíonn an ghrian ar a lá breithe, an 2 Deireadh Fómhair. Dealbh millteach ard anseo d'fhile a mhair sa 2ú haois, Thiruvalluvar. Cathain a chuirfidh Conradh na Gaeilge dealbh 500 troigh á thógaint d'Aimhirgín Glúngheal? Rún don gcéad ardfheis eile, ó Chraobh na gCnónna Cócó.

Ach ní ar na hiontais seo go léir atá m'airdse ná ar theampall órga Thrirupathi. Is anseo a d'fhéach Vivekananda ar lorg coise an bhandé; is anseo a rinne sé rinnfheitheamh sular thug sé aghaidh ar Mheiriceá chun labhairt os comhair Pharlaimint na Reiligiún in Chicago, ar an 11 Meán Fómhair 1893, eachtra a spreag mo shamhlaíocht nuair a léas faoi an chéad uair. B'eisean an ceannródaí a thug spioradáltacht na hIndia leis anoir. Maireann an crann, cé nach maireann an

Dorchadas . . .
    préacháin ag taibhreamh
        faoi ghadaíocht an lae amárach

Laghairt ar an bhfalla
    — casann a cloigeann
        ar chloisint scuab fiacla leictreach di

Léimeann frog as radharc —
    tá an saol chomh gearr sin . . .
        ní phreabaid froganna ar gcúl

lámh a chuir. *Soma* nó neachtar domsa ab ea gach a scríobh Swami Vivekananda nuair a rinne mé staidéar ar a shaothar breis agus tríocha bliain ó shin. Á, bhíos óg agus idéalach an uair sin. Níor dhearúdas riamh é, áfach, ná an éifeacht a bhí aige orm ag an am. An diaibéiteas a chniog é sa deireadh – ní raibh leigheas air ag an am – agus gan an dá scór bliain aige.

Thug Vivekananda an-mhisneach dom. Bhí fís á spreagadh, fís nár sheachmall í, fís a fuineadh as léann agus as staidéar, as coimhlint agus as féinchoimhlint, fís a bhí ina lóchrann aige ón uair a d'oscail a Mháistir, Ramakrishna – moladh go deo leis – a shúile dó. Thuigeas uaidh go bhféadfadh saíocht na hIndia a bheith mar anamchara agam, a leanfadh mé fad ba bheo dom.

Duine iltréitheach machnamhach ach fós spraíúil ab ea é óna óige. Bhí fealsúna an Iarthair léite aige, leithéidí Schopenhauer, Hume agus Kant, ach bhí nádúr an mhistigh go smior ann agus tharla go leor eachtraí ina shaol dó, agus é leis féin, nó breáthacht an dúlra ag cur aoibhnis air, inar tharchéimnigh sé idir am agus spás. Tar éis an tsaoil, tharla an rud céanna do Wordsworth:

When oft upon my couch I lie
In vacant or in pensive mood,
They flash upon that inward eye
Which is the bliss of solitude . . .

Ach, cé go bhfuil '*The Daffodils*' ar cheann de na dánta is cáiliúla sa Bhéarla, ní iarrtar ar dhaltaí scoile na hÉireann aithris a dhéanamh ar an bhfile agus ligint do sholas an anama soilsiú tríothu. Shoilseodh ach ligint dó.

Chloígh Vivekananda, tamall, le dream a bhí ag iarraidh an Hiondúchas a leasú agus é a thabhairt chun réasúnachais. Ach casadh an Máistir Mór, Ramakrishna, air agus níorbh fhada go bhfuair sé spléachadh ar a nádúr féin, aistear a bhí níos drámatúla i bhfad ná dul go Meiriceá. Nuair a thuigeadh sé a nádúr féin go hiomlán, sin é an lá a thiocfadh an bás chuige, a dúirt sé, agus is mar sin a thit amach.

Bhí a Mháistir, lá, faoi eacstais agus is é is brí leis sin, más féidir brath ar an Laidin, *ex stare*, ná seasamh lasmuigh díot féin. (Spéisiúil gur táibléad den ainm céanna atá á lorg anois ag leath de dhéagóirí na hÉireann). Ar aon chuma, agus Ramakrishna faoi eacstais, sna seacht bhflaitheas, nár theagmhaigh sé le Vivekananda agus láithreach bonn bhí Vivekananda sa riocht céanna, de thairbhe an tadhaill bheannaithe sin. Bhí tuairim mhaith ag an máistir roimh ré gur deisceabal eisceachtúil amach is amach a bhí aige mar bhí Vivekananda feicthe i bhfís aige agus d'aithin sé anam mór ann. Agus Vivekananda faoi eacstais, bhí ar chumas an mháistir é a cheistiú agus a fhios aige go gcaithfeadh sé labhairt óna anam amach agus é sa riocht sin. Bhí Ramakrishna sásta leis na freagraí a fuair sé.

Éistimis tamall le reitric láidir inspioráidiúil Vivekananda féin, reitric a thug tuiscint do mhuintir an Iarthair ar anam na hIndia: ní hamháin do mhuintir an Iarthair, dála an scéil, ach dá chomhthírigh féin agus iad faoi shúiste Gall ag an am:

I will try to present before you the secret of India, what India means. If those whose eyes have been blinded by the glamour of material things, whose whole dedication of life is to eating and drinking and enjoying, whose ideal of possession is lands and gold, whose God is money, and whose goal is a life of ease and comfort in this world and death after that, whose minds never look forward, and who rarely think of anything higher than the sense objects in the midst of which they live; such as these go to India, what do they see? Poverty, squalor, superstition, darkness, hideousness everywhere. Why? Because in their minds enlightenment means dress, education, social politeness. Whereas Occidental nations have used every effort to improve their material position, India has done differently. There live the only men in the world, who, in the whole history of humanity, never went beyond their frontiers to conquer any one, who never coveted that which belonged to any one else, whose only fault was that their lands were so fertile, and they accumulated wealth by the hard labour of their hands, and so tempted other nations to come and despoil them. They are content to be despoiled, and to be called barbarians, and in return, they want to send to this world visions of the Supreme, to lay bare for the world the secrets of human nature, to rend the veil that conceals the real man, because they know the dream, because they know that behind this materialism lives the real divine nature of man which no sin can tarnish, no crime can spoil, no lust can taint; which fire cannot burn, nor water wet, which heat cannot dry, nor death kill . . .'

(Karma Yoga and Bhakti Yoga)

Ní beag sin.

Ní nach ionadh, nuair a chuala muintir Mheiriceá an saghas sin cainte, thosnaigh go leor acu ag rá leo féin: 'Cén fáth sa diabhal a bhfuilimid ag tabhairt airgid do mhisinéirí agus á gcur amach chun na hIndia?'

Bhí eagla ar na misinéirí go mbainfí an bonn dá *raison d'être* agus eagraíodh feachtas táir in aghaidh Vivekananda. Mún na misinéirí in aghaidh na gaoithe ab ea an feachtas gránna sin, gan amhras.

Nuair a d'fhill sé ar an India cuireadh na múrtha fáilte roimhe gach áit. Ba dhuine de na chéad athbheochantóirí é, mar sin, duine de na chéad náisiúnaithe. Mhol sé do mhuintir na hIndia dearmad a dhéanamh ar na déithe (cuimhnigh ar an 39,000,000 díobh a bhí ullamh chun breith ormsa in Mumbai) agus ar seisean:

'Is é seo an t-aon dia atá ina dhúiseacht – ár gcine féin – a lámha gach áit, a chosa gach áit, a chluasa gach áit. Cuimsíonn sé an uile ní. Tá na déithe uile go léir ina gcodladh . . .'

Níl a fhios agam an bhfuil sé tugtha faoi deara ag scoláire ar bith go dtí seo, ach tá an meon céanna á nochtadh ag Tagore, i ndán leis:

Leave this chanting and singing and telling of beads!
Whom dost thou worship in this lonely dark corner of a temple with doors all shut?
Open thine eyes and see thy God is not before thee!
He is there where the tiller is tilling the hard ground and where the pathmaker is breaking stones.
He is with them in sun and in shower, and his garment is covered with dust.

(Rabindranath Tagore: An Anthology)

Nuair a chuimhním siar anois air, d'fhoghlaimíos creideamh ó Swami Vivekananda. Tógadh im Chaitliceach mé ach nuair a dhiúltaigh sagart faoistin a thabhairt dom uair amháin chailleas spéis i ndeasghnátha na hEaglaise, go háirithe nuair a chaitheadar an

Laidin i dtraipisí. (Ní hé go raibh dúnmharú déanta agam ná faic agus gur dhiúltaigh an sagart mo chuid peacaí a mhaitheamh dom, níl ann ach go ndúrt leis, 'Dein tapaidh é, a Athair, le do thoil, mar níl a fhios agam an gcreidim go bhfuil peaca déanta agam nó an bhfuil éifeacht leis an tsacraimint seo, dáiríre.') Tar éis dom Vivekananda a léamh, thosnaíos ar chreideamh a bheith agam arís, creideamh i ngach ní an uair seo, i ngach creideamh, fiú amháin; ní ligfinn do mhionphointí creidimh teacht idir mé agus léas.

Bhí Críostaithe ar buile leis nuair a mhol sé dá lucht éisteachta gan aithrí a dhéanamh. (Is ábhar díospóireachta i gcónaí é, ar ndóigh, cad a bhí i gceist ag Eoin Baiste leis an bhfocal *teshuvah*; seans maith nach 'aithrí' an t-aistriúchán ceart ach 'filleadh', filleadh ar fhréamhacha d'anama agus do nádúir féin). Mhol Vivekananda gan ligint d'ualach an pheaca, mar dhea, sinn a choimeád siar ó eolas a chur ar ár bhfíornádúr féin atá gan smál gan teimheal. Saoirse a thug na focail sin domsa agus theastaigh uaim tuiscint don ríméad sin a chur abhaile ar aos óg na hÉireann sna dánta agus sna rainn a chumas dóibh.

Níl sa chruinne ar fad, a dúirt sé, ach *leelah*, spraoi an Tiarna. Ná bímis ag lorg cúiseanna agus freagraí an t-am ar fad, cén fáth seo agus cén fáth siúd, cén fáth fulaingt, cén fáth an bás. Is cluiche diamhair é. Bímisne páirteach go spleodrach sa chluiche sin, mar chomhimreoirí leis an Tiarna. Níl sé loighciúil a bheith ag lorg cúiseanna, ar sé. Cén fáth arb ann don gcruinne? Má tá freagra uait ar an gceist sin is teorannú ar Dhia atá ar siúl agat.

Bhí amhras ar Vivekananda an raibh a leithéid de phearsa stairiúil ann agus Íosa Críost in aon chor. Na staraithe comhaimseartha, Josephus agus Philo, luadar gach seict, beag agus mór, a bhí ag feidhmiú ag an am agus gan tagairt in aon chor acu do Chríost, ach líne amháin arbh fhéidir iliomad bríonna a bhaint aisti.

Is ait, ar shlí, gur cheistigh Vivekananda fíricí stairiúla na Críostaíochta. An é go raibh sé dall ar an traidisiún láidir atá anseo a mhaíonn gur mhair Íosa Críost san India – i ndiaidh a Aiséirithe? Deir Osho, an misteach mór a mhallnimhigh an CIA le *thalium*, deirtear, sa leabhar *Glimpses of a Golden*

Childhood, gur sna Himáilithe a cailleadh cuid de na saoithe is mó a bhfuil meas orthu inniu:

> *It is where Lao Tzu died. In the valleys of the Himalayas Buddha died. Jesus died. Moses died. No other mountains can claim Moses, Jesus, Lao Tzu, Buddha, Bodhidharma, Milarepa, Marpa, Tilopa, Naropa . . .*

Cuimhnigh ar na hainmneacha sin go léir má bhíonn tú riamh san Irish Village in Dubai agus quiz boird ar siúl.

Ar aon chuma, thuig Vivekananda go raibh traidisiún leanúnach Véideach san India agus gurbh ionann athbheochan an traidisiúin sin agus athbheochan na tíre trí chéile. Bhí an ghráin aige ar sheoiníneachas. I ndeireadh na dála, is soiscéal grá a bhí aige. Anois, ní hionann iad cion, gean, grá, dáimh, lé, ómós, cairdeas, meas, searc *etc*. Ach, dar le Críostaithe, is leor 'grá Dé' chun an gníomh sin nó an meon sin a chur in iúl. Coincheap scamallach is ea 'grá Dé' nó 'grá a bheith agat do Dhia' sa traidisiún inar tógadh mise. Cad is brí leis? Aitheanta Dé a choimeád agus a bheith lách leis na comharsana? Agus cé hiad mo chomharsana? Na hAfganastánaigh? Cinnte. Féachann an Hiondúch ar an bhfadhb seo mar a dhéanfadh eolaí agus scarann sé ina chéimeanna é. Grá Dé an Chríostaí (nach misteach é/í) níl céimeanna ann, sa ghnáthshlí, chomh fada le m'eolas-sa. Is é an grá céanna é ó Dhomhnach go Domhnach, feictear dom. An teocht chéanna ar an teirmiméadar i gcónaí.

Ina thráchtas cáiliúil, *Bhakti Yoga, The Yoga of Love and Devotion*, tugann Vivekananda ríléargas dúinn ar na saghsanna éagsúla grá Dé atá ann, ag tosú le *Shanta*. Is grá séimh síochánta é sin. Ansin tagann *Sakhya*, ar geall le cairdeas é, an mhuinín atá ag cairde as a chéile, an taitneamh a bhaineann siad as comhluadar a chéile. Sin é an caidreamh a bhíonn ag an m*Bhakta* a shroiseann an staid áirithe sin dá éabhlóid spioradálta. Agus níl locht air. Ina dhiaidh sin, *Vatsalya*. I dtéarmaí an ghrá seo, ní athair údarásach é Dia ach páiste linn féin. Cuimhnigh ar Naomh Íde sa díseart a rinne 'uchtú' ar Íosagán. An rud céanna. (Cosúlachtaí móra idir naomhsheanchas na hÉireann agus naomhsheanchas na hIndia. Mura mbeadh, ní bhacfainn leis an obair seo). Meabhraíonn Vivekananda dúinn nach féidir don Ioslamach glacadh leis an gcéim sin den ngrá Dé go deo. Agus an chéim is airde ar fad sa traidisiún iontach Bhakti seo ná *Madhura*, nuair is bean gach duine againn agus sinn i ngrá leis an Tiarna, ag síorthabhairt grá dó, ag súil lena phóg! Sin é agat é. Más fiú grá a thabhairt do Dhia, cén fáth nach ndéanfaimis i gceart é.

Bhuel, sin go hachomair, cuid d'aigne Vivekananda agus na hIndia dhuit, Vivekananda an manach fáin a dhúisigh féinmheas i measc a chomhthíreach, a d'ullmhaigh an tslí do Gandhi agus don náisiún nua, Poblacht na hIndia inniu. Agus seo anois mé i mo sheasamh ar an gcarraig aonair, Carraig Vivekananda, agus thíos fúinn tá trí fharraige ag teacht le chéile. Ní dhearúdfar go brách a ainm ná ainm a Mháistir. Más spéis leat a thuilleadh a léamh faoi, bain triail as www.advaitaonline.com

Beimid ag eitilt ó Trivandrum go Deilí Nua amárach, an 15 Deireadh Fómhair. Seolfaimid síos an Ghainséis, le cúnamh Dé, agus má thagaimid slán as sin, beimid ar ais i nDeilí arís. Cuireadh faighte agam chun léamh filíochta dátheangach a thabhairt san Acadamh ann, ar an 6 Samhain. Ní ligfidh mé síos sibh, a Ghaela.

Mo chúig chéad slán leat! Fágaim cuid dem chroí i mo dhiaidh in Kerala. Beidh orm filleadh ort, a Kerala, lá breá éigin, chun é a fháil ar ais uait, más féidir. Munar féidir, is leat é agus fáilte! Gach rath ort – ar do rís, ar do thae, ar do chaife, ar do rubar, ar do phiobar, ar do chnónna is ar do thorthaí. Gach rath ar an iascaireacht!

Smaoineamh an lae

Creideamh san inspioráid uilíoch, i mbuantreoir na Naomh agus an Naomhspioraid, sin í an mhórdhifríocht idir eachtra stairiúil na Críostaíochta agus na reiligiúin nádúrtha. Tá an cine daonna á shíorchlaochlú ag an inspioráid.

Eugen Rosenstock-Huessy

Imithe le gealaigh! Tá patraisc chosdearg ann ar a dtugtar an *chakor*. Stánann sí ar an ngealach de shíor, gan caochadh súl a dhéanamh. An ruainne beag éaneolaíochta é an t-eolas sin? Ní fheadar. Ar chuma éigin, níl ann ach an eolaíocht san India, is cuma cén réimír a chuireann tú léi, miotaseolaíocht, gnéaseolaíocht, éaneolaíocht – is aon eolaíocht amháin é. Conas a d'fhéadfadh aon rud a bheith fágtha leis féin, nó a bheith ina éan cuideáin sa chruinne ilchuimsitheach seo? Ní fhéadfadh. Le deich míle bliain anuas d'éirigh le muintir na hIndia an uile ní a ghabháil i líontaibh Dé. Agus is mar sin a bhí i measc na sibhialtachtaí móra eile, ár sibhialtacht féin san áireamh, glacaim leis, go dtí gur tosnaíodh ar na miotais a bhailiú agus a scríobh síos. Níor bheo dóibh ansin níos mó. Músaemú an chultúir tosnaithe. Bheadh ort leabhar a oscailt feasta chun na miotais a léamh; go dtí sin níor ghá duit ach féachaint i do thimpeall.

Léimeann na miotais chugat san India. Ní sna músaeim ná sna leabharlanna atá siad ná i Roinn an Bhéaloidis. Tá siad ag rince anseo, ag gáire, ag béicíl; ag stánadh go dalba séimh idir an dá shúil ort, amach as cloch agus adhmad; tá siad san aer. Miotas úr ársa beo os do chomhair amach agus laistiar díot; miotas eile ag fanacht ort timpeall an chúinne.

Tá idir seo agus 2016 agaibh . . . Ní fada ó bhí an aigne iontach sin i réim in Éirinn, nuair a bhain seanchas le gach loch is sliabh is abhainn. Fiafraigh inniu, áfach, de dhéagóirí Bhaile Átha Luain cérbh é Luan agus ní bheadh a fhios acu ó thalamh an domhain cad tá á rá agat. Sin í Éire an 21ú haois anois duit agus í níos boichte ná mar a bhí sí riamh, ainneoin líon na maidí gailf a bheith dulta as cuimse i méid. An múchta ar fad atá an lóchrann? Ní hea. Ní bheadh na focail seo á scríobh agam sa teanga seo dá gceapfainn amhlaidh. Tá ábhar ceiliúrtha againn. Tógfar fós dealbh leathmhíle troigh in airde d'Aimhirgín Glúngheal. Agus beidh daoine ag déanamh iontais de, sliocht Kevin Myers ina measc.

Is éachtach iad miotais na hIndia agus níl aon éalú uathu; tá siad sa cheol, sa damhsa, sa cheardaíocht, sa bhia. Tagraíonn eagarfhocail na nuachtán dóibh, fiú *The Times of India*. Ceiliúrann na féilte iad, Hanuman, an moncaí-dhia, Ganesh agus cloigeann eilifinte air. Baineann miotais leis na crainn, leis na bláthanna: an loiteog, bláth a eascraíonn as láib locháin gan teagmháil a dhéanamh leis an uisce, an bláth ar a suíonn Lakshmi, bandia an tsaibhris.

Úlla agus cnónna na hÉireann, tá a gcumhacht mhiotaseolaíochta nach mór caillte acu. Meath an chultúir dhúchais faoi ndeara é sin.

Óstán Kanishka ainm an óstáin ina bhfuilimid i nDeilí. Arís, an mhiotaseolaíocht agus an stair fite fuaite ann. Cuimhnigh ar ainmneacha na n-óstán i ngach baile mór agus beag in Éirinn, an Imperial, an Royal agus mar sin de.

Bhí Guaire chomh fial sin gur lean sé air ag fóirithint ar na boicht tar éis a bháis. Múineann naoimh na hÉireann agus naoimh na hIndia dúinn gur fearr a bheith ag tabhairt uainn ná a bheith ag síorchnuasach chugainn. Shocraigh an rí Mahavir ar a raibh aige a thabhairt uaidh don bpobal dearóil agus an díseart a thabhairt air féin. Sa deireadh ní raibh fágtha aige ach a chlóca mórluachach.

Agus é ag fágaint na ríchathrach ina dhiaidh, casadh bacach martraithe air, duine nár shrois an chathair in am chun go bhfaigheadh sé blúirín beag éigin de mhórchiste an rí.

'Táim ródhéanach, is dócha,' arsa an truán. Bhronn Mahavir leath a chlóca air agus bhrostaigh faoi dhéin an uaignis. Agus é ar imeall na foraoise chuaigh a raibh dá chlóca ar a dhroim i bhfostú i sceach rós. Chas Mahavir agus é ar tí an bhalcais a shaoradh nuair a rith sé leis go raibh sé fágtha anois gan luid, tarnocht, é go hiomlán saor, gan oiread is leathchlóca a thiocfadh go deo idir é agus codladh na hoíche.

Baineann scannánóirí na hIndia an-leas as na scéalta miotaseolaíochta agus as na heipicí. Ní fheicfimidne an Rúraíocht ná an Fhiannaíocht i bhfoirm scannán go deo go dtí go mbeidh na scéalta sin de ghlanmheabhair ag an nglúin óg – agus á n-aithris. Tá sé chomh simplí leis sin. Agus ná ceap gur tuairim sheanfhaiseanta í seo agam. Is tuairim radacach í a thuig an Piarsach nuair a bhunaigh sé Scoil Éanna, agus a thuig an Beangálaí, Rabindranath Tagore, nuair a bhunaigh sé Shantiniketan. An Yeatsach a chuir i dteagmháil lena chéile iad. Tá idir seo agus 2016 agaibh chun an aisling a fhíorú . . .

San Óstán Kanishka dúinn sa deireadh. Is den gcreideamh Saíceach *(Sikh)* iad – na leaideanna faoina dturban – formhór na dtiománaithe tacsaí. Bhí Deilí an-truaillithe go dtí le déanaí agus is fearr gan taisteal sna tacsaithe oscailte trírothacha ná sna ricseánna: chuirfeadh sé droch-chasachtach ort. Osclaím na Leathanaigh Bhuí atá ar an mboirdín in aice na leapa; teachtaireacht ann ón Aireacht Trádála a deir:

The 6ᵗʰ edition of the Directory was very well edited and meticulously planned. I do hope the latest edition would be better than the previous one.

Áiméan! Agus an t-ochtú heagrán den eolaí? Níos fearr fós, gan dabht, go dtí go mbainfear barrfhoirfeacht amach, *nirvana* buí. Bain do rogha brí as fórógra úd na hAireachta. Rud a thaitníonn liom faoin India ná gur féidir do rogha brí a bhaint as rud ar bith. Ar shlí, níl a leithéid de rud ann agus Hiondúchas – tá

leaganacha éagsúla de ann. Agus cuimhneoidh duine éigin ar leagan eile fós amárach.

Is annamh mé ag gearán; ní thabharfainn duine clamhsánach orm féin ach amháin má bhíonn orm litir a scríobh go dtí na nuachtáin. Ghearánas tráthnóna inniu, áfach, nuair a fuaireamar an fíon ba mheasa a cuireadh riamh i mbuidéal. Fíon Iodálach, mar dhea, agus é costasach go maith, tarraingt ar mhíle rúipí. Fíon Indiach a lorgaíomar ar dtús; is annamh teacht air ach tá sé ar fheabhas agus é i bhfad Éireann níos saoire. Dúradh linn nach raibh a leithéid acu – nár chualadar trácht ar a leithéid, fiú.

'Blais féin de,' a deirimse leis an mbainisteoir. Blaiseann. Gramhas air. 'Is cosúla le seiris chócaireachta ná le fíon é, an aontófá liom?' D'aontaigh.

Iontas na n-iontas, cad a thagann ina áit ach fíon Indiach – ach ní buidéal lán a bhí ann. An méid den bhfíon Iodálach a chuireamar amú in easnamh air.

Dhiúgamar ar ár sástacht é. Eithne pas beag súgach ina dhiaidh. Is beag ar fad a d'ólamar – a ceadaíodh dúinn – go dtí seo agus an reisimint Ayúirvéideach ar bun againn.

Mír ar an bpáipéar nuachta: 18 marbh tar éis *hooch* a ól. Bíonn poitín de shaghas amháin nó de shaghas eile á dhéanamh gach áit, is dócha. Déantar deoch dheas as 'bainne' na gcnónna, leis, agus fágtar ag coipeadh i mbarr na gcrann é. Uaireanta tagann ainmhí thart ar a dtugtar an *sloth* nó an spádán. Ólann sé a mbíonn uaidh agus tuilleadh anuas air sin agus an chéad rud eile titeann go talamh ina phleist. Bíonn rógairí eilifinte, leis, ann agus iad ag faire amach le haghaidh taoscáin: b'fhearr iad a sheachaint nuair a bhíonn glincín sa ghrágán acu. Bainimid triail as béile Síneach. Lofa ar fad. Ní bheadh a fhios agat cad a bhí ann. Dríodar ceart.

'Gach rud OK?' a deir an freastalaí. Níl sé ionam an dara gearán a dhéanamh. Déanaim comhartha éigin a chuireann in iúl dó nach bhfuilimid ar tí caitheamh amach go fóill, go bhfanfaidh an bia, pé rud é féin, inár mbolg. Cad as dúinn?

'Éire', ar sinne, as béal a chéile.

'Á, Éire!' ar sé i gcogar misteach agus cuireann sé lámh lena chroí. Eacstais de shaghas éigin air, é faoi thámhnéal neamhaí. Cé atá anseo againn, Ramakrishna a Dó? Déarfainn nach bhfuil tuairim faoin spéir aige cá bhfuil Éire agus dá mba í an Íoslainn a bhí ráite againn leis go mbeadh an ríméad céanna air.

Bricfeasta. Boc matánach trasna uainn. Muirshaighdiúir Meiriceánach? Ball de na fórsaí speisialta? An cúigiú gloine oráiste caite siar aige. Na freastalaithe leath ag gáire faoi. Imdhíonadh in aghaidh antraisc − an gáire atáim a rá agus ní hé an sú oráiste.

Ar *The Times of India* agus sna páipéir Bhéarla is fearr a bhfuaireamar spléachadh orthu, is deas liom focail Ghandhi a bheith le léamh againn san aimsir chorraitheach seo. Níl Gandhi dearmadta anso, ná baol air. Craoltar an scannán bliain i ndiaidh a chéile, ar an 2 Deireadh Fómhair. Thugamar cuairt ar an áit inar créamadh é. Bhí orainn na bróga a fhágaint lasmuigh, faoi mar ba theampall nó mosc é. Agus is teampall é seo, dáiríre. Ní dia a bhí ann ach *mahatma* ab ea é cinnte: *atma* is ea anam agus *maha* is ea mór, anam mór. (Tagore a chuir an leasainm sin i mbéal an phobail). Cé chomh minic is a chíonn tú a leithéid sin i bpáipéir na hÉireann, achoimre laethúil ar shaíocht agus ar ghaois na smaointeoirí go léir a chuaigh romhainn, daoine a mbeadh léas éigin le caitheamh acu ar an staid ina bhfuilimid féin, nó ina bhfuil an domhan trí chéile, faoi láthair? Bhí cultúr an ómóis i réim in Éirinn, tráth den saol, ach is beag de atá fágtha ar na saolta seo agus is boichtede sinn dá dheasca sin. Múineann an India an méid sin dúinn, go glan soiléir. B'fhéidir gurb iad muintir na Gaeilge a choimeádfaidh an tine beo, cá bhfios?

Is banphrionsa gach bean in India, faoina *sari*, bíodh sí ag teacht amach as teampall, cosnochta, nó í ar a gogaide ag *ghat*, ag ní éadaí.

Buailim leis an Ollamh Satchidanandan sa Sahitya Akademi (Acadamh Náisiúnta na Litríochta) i nDeilí. Grianghraf iontach san oifig aige, Gandhi ag éisteacht le Tagore in Shantiniketan. Thabharfainn a bhfuil de thae san India ar an ngrianghraf sin, ach níl sé ar díol.

Aisteach go leor, d'aithin Eithne an tOllamh. Is cosúil go raibh sé ar aon eitleán linn ó Trivandrum. As Kerala dó féin agus bhí sé tar éis tamall a chaitheamh ann ag tacú leis na treibheanna le linn na n-agóidí.

Ceannaíonn Eithne leabhar gearrscéalta le Tagore, an Duaiseoir Nobel a thug an teideal 'Sir' ar ais do na Briotanaigh tar éis Ár Amritsar faoin nGinearál Dyer.

Má tá dhá fhocal Beangáilise a úsáideann Tagore níos minice ná a chéile ina chuid scéalta agus ina chuid dánta, is iad suaircas agus duairceas iad – féach an 's' agus an 'd' sin aige féin, *surke-durke*!

Is fiú go mór Tagore a léamh. Ciallaíonn *tagur* 'tiarna' agus is ea, tiarna talaimh ab ea é, ach is cinnte go raibh cuma thiarna neimhe air nuair a leag Eorpaigh súil air ar dtús.

The contrast between Tagore's commanding presence in Bengali literature and culture and his near-total eclipse in the rest of the world is perhaps less interesting than the distinction between the view of Tagore as a deeply relevant and many-sided contemporary thinker in Bangladesh and India, and his image in the West as a repetitive and remote spiritualist. Graham Greene had, in fact, gone on to explain that he associated Tagore 'with what Chesterton calls "the bright pebbly eyes" of the Theosophists'. Certainly, an air of mysticism played some part in the 'selling' of Rabindranath Tagore to the West by Yeats, Pound, and his other early champions. Even Anna Akhmatova, one of Tagore's few later admirers (who translated his poems into Russian in the mid-1960s), talks of 'that mighty flow of poetry which takes its strength from Hinduism as from the Ganges, and is called Rabindranath Tagore . . .

(Amartya Sen in *India: A Mosaic*)

Na Caitlicigh arís, Chesterton agus Greene, agus iad ag magadh faoi spioradáltacht an Oirthir. Ní raibh aon rud níos fearr le déanamh acu, is dócha. Buíochas mór le Dia go bhfuil a dtionchar ag dul i laghad; déithe beaga ab ea iad in Éirinn ar feadh i bhfad, ag daoine nach raibh eolas dá laghad acu ar ár bpaidreacha dúchais!

Glaoch ón deasc. 'Baile Átha Cliathach anseo chun sibh a fheiscint.' Cé a bheadh ann ach Siraj Zaidi, an scannánóir arb as Lucknow dó ó thús.

'Th'anam ón diabhal!' a deirimse leis.

'Chuala mé ón Ambasáid go rabhais sa chathair,' ar seisean, 'agus mheasas go ndéarfainn heileo leat.' Is fánach an áit . . .

'Agus cad a thug go Deilí thú?' Baineann an freagra stangadh asam.

'Bean,' ar sé. 'Casadh ar a chéile ar an Idirlíon sinn!' Phósadar an tseachtain seo d'imigh tharainn. Nach ait an mac an saol. Seanaithne agam air. Eisean a eagraíonn an séasúr de scannáin Indiacha san IFC i mBaile Átha Cliath. Léirigh sé dráma le Tagore i Músaem na Scríbhneoirí. An chéad uair a bhuaileas leis d'iarr sé orm an Córán a aistriú go Gaeilge. Is trua nach ndearna mé rud air; is ceart go mbeadh fáil ar mhórscrioptúir agus ar mhórlitríocht an domhain inár dteanga féin – nó an é nach bhfuil aon náire in aon chor orainn!

Cuireann an tOllamh K. Satchidanandan ón Sahitya Akademi ceistneoir chugam faoin nGaeilge agus faoi litríocht na Gaeilge. Caithim an oíche ar fad i mbun a chomhlánaithe agus cuirim réamhrá 14 leathanach leis. Luaim na hainmneacha go léir atá ar Éirinn, ar bandéithe iad a lán acu. Agus luaim an Droimeann Donn Dílis leis agus scríobhaim an méid seo dó: *'Can you imagine Matthew Arnold, John Milton or Samuel Taylor Coleridge referring to England as a cow?'* Sin, dar liom, a dhéanann Éire cosúil leis an India agus neamhchosúil le Sasana. Beimid ar ais i nDeilí chun na nithe sin agus nithe nach iad a chíoradh leis. Cuirfidh sé roinnt dánta dem chuid ar fáil ina theanga féin, a deir sé, Malayalaimis.

Ní fheacaís riamh áit chomh himpiriúil leis an Óstán Imperial anseo i nDeilí. Ní hé go rabhamar ag fanacht ann – ba é ár ndícheall íoc as deoch amháin sa Patiala Peg, an beár atá ann agus baint ag Éireannaigh leis an ainm. Is mar seo a tharla. Bhí *maharaja* ann uair amháin, Bhupinder Singh, agus é ina rialóir ar an stát áirithe seo, Patiala. Fathach sé troithe go leith ar airde ab ea é agus ba mhinic 24 dosaen gearg chun dinnéir aige. Ba dheas an feic é in airde ar a stail dhubh Arabach agus bhí bantracht na tuaithe i ngrá leis. Bhí 365 bean chéile ar fad aige. An maífeá air iad? Dála Thady Quill, bhí dúil mhór aige in imeachtaí spóirt. Bhí foireann póló aige nár sáraíodh riamh ar pháirc na himeartha i gcaitheamh a réimis. Bhí buíon laochra aige ina arm ar a dtugtaí Nihang, Fianna na Puinseaibe, d'fhéadfá a rá. An caitheamh aimsire ab aoibhne leo ná blaoscanna a naimhde a shá sa talamh agus ansin iad a ardú leo lena sleánna – na marcaigh agus na capaill leath as a meabhair ag an druga *bhang*. An leagan sibhialta den gcluiche sin a tháinig ina áit ná *tent pegging*.

Faoi mar a deirim, níor buadh riamh ar fhoireann an *maharaja* toisc chomh fial a chaitheadh sé leis na buaiteoirí agus b'fhearr gan smaoineamh ar a mbeadh i ndán duit mura mbuafá. Ba nós leis an *maharaja* dúshlán an *Viceroy's Pride* a thabhairt agus Éireannaigh ab ea iad sin. Ní nach ionadh, chuireadh an *maharaja* cóir mhaith ar na Gaeil, nua gach bia agus sean gach dí, agus b'ionadh leis i gcónaí an t-iompar a bhí ag na Gaeil ar an deoch, iad go maith in ann seasamh an mhaidin dár gcionn.

Ba é tráth an chomórtais arís é agus bhí imní ar fhoireann an *maharaja*; dá gcaillfidís an

An tÓstán Impiriúil, Deilí,
cait shlíoctha amuigh
ar patról oíche

cluiche, seans nach pionnaí a bheadh in úsáid an chéad uair eile ach a mblaoscanna féin.

Shocraíodar gur miosúr dúbailte den bhfuisce a dháilfí ar na Gaeil an oíche roimh ré agus fad a bhí an pléaráca ar siúl chuir na comhcheilgeoirí pionnaí níos lú ar fáil don bhfoireann seo againne agus pionnaí níos mó dóibh féin. Bhí an lá ag an *maharaja* arís. Fear an bheáir san Imperial, Sandeep Diwan, a d'inis an scéal dúinn – agus is miosúr dúbailte amháin a fhaightear san áit sin anois, i gcuimhne ar eachtra úd na bpionnaí fadó.

Namasté! Is grástúil spioradálta mar a bheannaíonn Indiaigh dá chéile leis an bhfocal *namasté* agus an dá lámh le chéile acu. Ag aithint anam a chéile atá siad leis an ngníomh simplí sin. Níl aon bhrí eile leis. Ní bheadh a fhios agat uaireanta cad is brí le croitheadh láimhe an Iarthair, nó cathain a bhíonn gá leis, fiú amháin. Agus nuair a bheannaíonn ainniseoir éigin duit le *namasté*, is ionann sibh, i súile Dé, is ionann sibh ar feadh meandair, bíodh balcaisí ar dhuine agaibh, léine agus carbhat ar an duine eile – is ionann an fhuil a shníonn sna cuislí agaibh, is ionann dán

daoibh araon sa deireadh, is í an ghrian chéanna atá ag taitneamh anuas oraibh beirt.

An bhfuil staraí nó antraipeolaí ar bith in ann a rá liom cathain a tugadh an nós go hÉirinn nó cad a dheineadar sular tosnaíodh ar lámh a chroitheadh? An bhféadfaimis an nós a chaitheamh amach, nó an bhfuil sé ródhéanach faoin tráth so?

Is maith is cuimhin liom an tréimhse a chaitheas i ndúthaigh m'athar, Schleswig-Holstein. Croitheadh láimhe an-fhoirmiúil a dhéanadh an seandream, sála na mbróg á gcliceáil acu ag an am céanna. Míleatachas. Dearg-Phrúiseachas. Cuirimis deireadh leis an gcroitheadh láimhe! Ar thagair an Craoibhín don nós agus é ag iarraidh an tír a dhí-anglú? Bhí an ceart ar fad aige agus é ag tagairt don éadach gallda nuair a d'fhógair sé, *'Down with trousers!'* Muise, nach breá soineanta a bhí cuid de na daoine an uair úd agus nach uafásach cliste an ghlúin óg atá anois ann. (Cheapfadh aon duine gur 'Machnamh Duairc an tSeanóra' teideal an tsaothair seo agus an tslí a bhfuilim ag caint. Níl ann ach gur nós liom m'aigne a nochtadh,

Céadsolas na maidine —
sceitimíní
ar phearóidí glasa

beag beann ar chúrsaí faisin agus má léim é seo amárach agus má thosnaím ar easaontú go binbeach liom féin, cad é sin don té sin nach mbaineann sin dó?)

Bolg an ghabhair . . . Na cairpéid ó Chaismír ar áilleacht. 'Féach cé chomh bog is atá an olann seo,' arsa an díoltóir, Nasir A. Khan, linn. 'Peirsigh i gCaismír a rinne é. Bolg an ghabhair a d'úsáideadar . . . cén fáth?' Táim ag iarraidh cuimhneamh. Is cruacheist í seo. Cén fáth an bolg? Nílim chun buille faoi thuairim a thabhairt mar nílim in ann smaoineamh ar fhreagra a bhfuil dealramh ar bith leis. Tá an freagra an-simplí. Is míne agus is gile í olann an bhoilg toisc nach mbíonn an ghrian ag taitneamh uirthi. Gan dabht! Ní dhéanann gabhair na Caismíre bolg le gréin. Is é an patrún atá ar an ruga seo ná fuinneoga, agus crainn na beatha ag fás lasmuigh – nó fuinneoga mar a samhlaíodh iad don treibh a raibh cónaí orthu i bpubaill. D'ordaigh Nasir dá ghiolla na cairpéid agus na rugaí go léir a bhí ar an urlár a chur i leataoibh agus an ruga a mheall sinn an chéad uair a fhágaint leis féin. Caithfear féachaint anois air faoi mar nach raibh aon

iontas eile sa chruinne ach é agus táimid meallta arís aige. Sin deireadh anois le ceannacháin, a deirimid linn féin. Chun a dheimhniú gurb é seo an ruga a bheidh romhainn nuair a shroisfimid Baile Átha Cliath (agus nach leasdeartháir gioblach éigin leis a bheidh ann) iarrtar ar Eithne an cúl a shíniú.

Go dtí seo, d'fhéachas ar an tsiopadóireacht mar dhualgas cuibheasach leamh; ní spreagann earraí tí ná cuirtíní mé. San India, áfach, braitheann tú sceitimíní agus earraí á gceannach agat, dathanna agus patrúin á bhfeiscint agat ná facaís riamh cheana. An bród atá ar lucht a ndíolta, is bród tógálach é. Bíonn bród ort féin gur ball den gcine daonna thú, an cine sin atá in ann earraí chomh healaíonta sin a shamhlú, a dhearadh agus a chruthú. Braitheann tú gur pribhléid ab ea é gur ligeadh isteach sa siopa in aon chor thú. Roinneadh rúneolas leat! Bíonn mórtas ort as an traidisiún, as an lámhcheardaíocht, bíodh is nach iad do mhuintir féin a dhein iad. Braitheann tú umhal, agus buíoch! Uair amháin cheana a bhraitheas an bród sin, tuairim is 30 bliain ó shin, nuair a cheannaíos

Níl fágtha de
ach na geataí:
teampall aeir

báinín i dTigh Uí Mháille i nGaillimh. Bród ar fhear an tsiopa. Bród orm féin. An bhfuil múineadh éigin ansin? Ní fada a mhair an mothú sin, áfach. Leathbhliain ina dhiaidh sin agus bhí sé caite i dtraipisí agam – bhraitheas i mo thurasóir i mo thír féin . . . mór an trua.

Fógra práinneach . . . Modinagal, ar ár slí go Rishikesh. Fógra: *SPEAK ENGLISH FLUENTLY: PERSONALITY IMPROVEMENT.'* Anois duit!

Rishikesh ('Folt na Saoithe'). Ar na sráideanna caola, tá rothair ghluaiste ag iarraidh na ba beannaithe a sheachaint. Muc, leis, ag siúl na sráideanna, tamall ag tóch, tamall agus a cloigeann san aer aici. An é go gceapann sí gur bó atá inti?

Naoimh agus rógairí ag déanamh a mbealaigh tríd an slua – deacair idirdhealú eatarthu ar uairibh. Beannaíonn simpleoir meidhreach dom – nó an fealsamh mór le rá é? Níl aon oidhre ar Rishikesh ach Lourdes ar LSD nó Cnoc Mhuire ar chócaon. Is anseo, go dtí *ashram* Maharishi Mahesh Yogi, a tháinig na Beatles fadó.

Ainm Dé (*Ram*) ar bheola na mbacach, de ló is d'oíche: *'Ram Ram, Jai! Ram!'* Liodán

síoraí. Seanbhean ina suí ag ceann an droichid agus ba dhóigh leat uirthi nach bhfuil sí in ann comhrá a dhéanamh le haon duine, ach le Dia amháin: *'Ram Ram, Jai! Ram!'* An deabhóideachas nó pearóideachas é seo, a fhiafraím díom féin? Más pasfhocal é *'Ram! Ram!'* (na focail dheireanacha ó Ghandhi nuair a feallmharaíodh é) chun dul isteach sna flaithis, tá an bhean bhocht seo cheana féin faoi ghlóir.

Feicim lánúin eachtrannach ar bhruach na Gainséise le haghaidh an *arthi*, searmanas na lasracha agus na mbláthanna. Beirt Phoncán, iad gléasta ar nós Hiondúch. An buachaill ábhairín corrthónach, aoibh ainglí ar an mbean. An spioradálta iad na mná ó thaobh nádúir agus dúchais de? An tuisceanaí iad d'fhórsaí na beatha, d'fhoinsí na beatha?

Neach faoi éadach bán ina shuí ar charraig, ag machnamh cois abhann. Is geall le corr réisc é; an t-iasc a bhfuil sé ag faire air a anam féin. Ainneoin na sluaite, ainneoin an challáin, tá a spás suaimhneach féin aige, pé hé féin, pé rud atá ag rith trína aigne. Seans nach bhfuil faic ag rith trína aigne, ná cloiseann sé monabhar na habhann féin. Ag éalú ó chúraimí an tsaoil, a déarfadh go leor Iartharach. Ach ní hea, dáiríre. Is cuid den saol seo é, is feoil agus is fuil é – níl ann ach go bhfuil a fhios aige go dianmhaith go bhfuil níos mó ná sin ann; tá daoine ag triall ar Rishikesh leis na mílte bliain chun a fháil amach dóibh féin. Agus mura bhfuil níos mó sa tsaol seo ná fuil is feoil, 'Mealladh go mór iad ord na gCaipisíneach' mar a deir an seanbhurdún.

Is eol don mbó go bhfuil sí beannaithe. Tuigeann sí gur léi na sráideanna. Ní éiríonn sí postúil ná ardnósach riamh. A mhalairt. Cleachtann sí an tséimhe agus an umhlaíocht. Ach is ríogúil í ar a shon san, is máithriúil. Faraor, tugaim faoi ndeara go bhfuil galair ar chuid acu agus níl muintir na hIndia in ann aire cheart a thabhairt dóibh féin, ní áirím na hainmhithe.

Chím páistí óga istigh i mboth agus cantaireacht in ómós do Krishna á cleachtadh acu. Is léir go bhfuil uaireanta fada curtha isteach acu. An bhfuil a gcearta á gceilt orthu, cearta chun spraoi, cearta chun gáire a dhéanamh? Cén fáth ar roghnaíodh iadsan chun an obair seo a dhéanamh – nó an spraoi dóibh é? An é seo an bronntanas is mó a d'fhéadfadh tuismitheoir ar bith a thabhairt dá pháiste, nó an bhfuil éagóir á déanamh orthu? Ag Krishna amháin atá a fhios.

Tá seandálaithe in ann a rá linn cén chuma a bhí ar Chluain Mhic Nóis agus cad a bhí ar siúl ansin agus sna láithreacha beannaithe eile in Éirinn. Ach an dtuigeann aon duine an spioradáltacht Cheilteach dáiríre; an bhfuilimid in ann an chráifeacht sin a thuiscint, an ngéillimid do na míorúiltí a tharla, más fíor, nó an bhféachaimid ar na scéalta naomhsheanchais mar fhinscéalta? An bua a bhaineann le Rishikesh agus le ceantair níos iargúlta fós sna Himáilithe – a bhfuil cur síos orthu i leabhair Swami Rama, cuir i gcás – an bua a bhaineann leis na háiteanna seo, ar fud na hIndia go léir, ná gur beag athrú a tháinig ar chúrsaí i gcaitheamh na staire. Níl aon amhras má tá tú in ann cóta an turasóra a fhágaint i do dhiaidh san óstán agus imeacht tamall leat féin, go mblaisfidh tú cúrsaí an tsaoil seo agus cúrsaí an alltair fite fuaite ina chéile in aon bhréidín amháin.

Ar thuras eagraithe atáimid anois, an chuid seo den aistear, agus nuair a bhuailimid leis an ngrúpa, cad déarfá ná go bhfuil beirt Éireannach ina measc agus aithne ag Eithne orthu. Fágann sin gur seisear Sasanach (an treoraí san áireamh), seisear Éireannach agus Poncán amháin atá sa bhuíon agus cheana féin tá na Gaill ag cloí lena chéile agus na Gaeil mar an gcéanna. An Poncán ina éan cuideáin – ní hea go hiomlán, faighimid amach go bhfuil Íosa fairis. Ní bhíonn sé riamh gan buidéal fuisce ina mhála agus an Bíobla in aice leis. Tom atá air agus é in aon phuball le Tom eile, a dtugaimid 'Tom the Brit' air, nó 'Spiderman', toisc é bheith breactha le tatúnna ar chuma líon an damháin alla! Éiríonn Spiderman an mhaidin dár gcionn agus póit an diabhail air, leathbhuidéal fuisce ólta aige. (Níl biotáille na hIndia le moladh). Ar seisean liom go cráite: 'An bhfuil an carr sin ag bogadh – nó an mise atá ag bogadh?' Chomh fada agus is féidir liom a dhéanamh amach níl ceachtar acu ag bogadh. Faighim amach níos déanaí nach bhfuil puinn taithí aige ar an uisce beatha – is amhlaidh a fuair sé bleaist den Sean-Tiomna i lár na hoíche ón Tom eile agus gur luíodar beirt isteach ar an ól tar éis do Naoi agus do na hainmhithe daichead lá agus daichead oíche a chaitheamh san Áirc. Go dtuga Iáivé slán abhaile iad beirt!

An grúpa againn ag féachaint ar theampaill i ndiaidh a chéile agus ar dhealbha naofa, na Hiondúigh ag stánadh ar Spiderman. Bhuel, mar a déarfadh ár dtreoraí diamhair linn in Mumbai, nach bhfuil Dia sa damhán alla féin. Nocht Críost é féin faoi ghlóir dá dheisceabail, mar Rí na nDúl, agus rinne Krishna amhlaidh i láthair Arjuna; faoi mar a deir Arjuna sa Bhagavad-Gita, An Laoi Dhiaga: 'Chím Thú gan tús, gan lár, gan deireadh . . .' Cá bhfuil tús agus deireadh na hIndia? Tá an páirtí atá i gceannas, an BJP (Bharatiya Janata Party) ag iarraidh an tír a shainmhíniú i dtéarmaí Hiondúcha, go príomha. Ach tá an India níos mó ná sin, níos sine ná sin. Mar chumhacht núicléach, is den riachtanas é go gcoimeádfaí srian ar an náisiúnachas seo, ar an mbladhmann, nó pléascfaidh Jumma, Caismír agus Assam ina mbladhm loiscneach agus cloisfear olagón na gaoithe ag teacht ó fhothraigh na Pacastáine.

'Cad a thug anso sinn?' arsa duine den ngrúpa. 'Níl faic anso. Agus tá na leapacha chomh crua le cloch.' An té a thugann leaba chrua air féin, luífeadh sé inti, a deirimse liom féin. Cad a thabharfadh ar dhuine dul ar turas eagraithe, 'Ag Seoladh Síos an Ghainséis Shíoraí', más compord saolta a bhí uaidh? Is deacair a rá. Ar ndóigh, mura n-aithníonn tú gur mantraí atá i mbéalaibh daoine anseo, siollaí beannaithe, ní chloisfidh tú ach gibiris, an ghibiris chéanna a chuala fórsaí choróin Shasana in Éirinn.

Ní hé an coileach a dhúisigh sinn in Rishikesh ar a sé a chlog ar maidin ach an *mahamantra*, an mantra mór, *Hare Krishna*, ina mhacalla aoibhinn ar fud an bhaile . . . Mé ag cuimhneamh ar chairde agus ar ghaolta agus ar chomhghleacaithe in Éirinn a ndúiseoidh clog aláraim ar ball iad. Aláram! Nach uafásach an tslí é chun tús a chur leis an lá!

Tugaimid cuairt ar theampall eile fós, in Uttarkashi sna Himáilithe. (Is ionann *uttar* agus *uachtar* na Gaeilge, ó thaobh na sanasaíochta de). Teampall beag in onóir Shiva atá ann agus *linga* breá ann, Bod Beannaithe, bláthanna ór Mhuire á mhaisiú. Tugaimid go léir ómós don mBod. Bhuel, 'Don Róimh má thírse bíse id Rómhánach,' mar a deir an burdún. Spalladh ceart ar an bPoncán ina dhiaidh.

Nach fada fairsing í Éire, mar a dúirt Peig Sayers fadó. Cad déarfadh sí dá seasfadh sí anso anois, na Himáilithe ag bagairt a gcinn thar dhroim a chéile. Cá hionadh gur anseo a chruinnigh na saoithe, na filí agus na naoimh; díon an domhain go léir. Linne anois an oíche, a deir na ciocádaí agus tosnaíonn siad – eas éadrom ceoil ó gach bile is ó gach tom.

Soilse ar lasadh thall is abhus i measc na mbunchnoc. Is in áit mar seo, beanna maorga agus gleannta móra na Himáilithe, a thuigfeá an luach a bhain le solas agus le tine agus canathaobh gur sacraimintí iad, geall leis. Níl ann ach cúpla glúin siar nuair a chloisfeá an phaidir, 'Nár mhúcha Dia solas na bhFlaitheas orainn' agus coinneal á múchadh istoíche – in Éirinn, atáim ag rá. Le teacht an chnaipe, cailleadh meas ar dhraíocht an tsolais. Níl an meas céanna a thuilleadh ar an ngrian ná ar an ngealach sa Domhan Thiar. Cé a d'fhéadfadh línte von Eichendorff a scríobh inniu:

Es schienen so golden die Sterne
Am Fenster ich einsam stand . . .

In áit breathnú ar an ngrian, ar an ngealach is ar na réaltaí, is é rud a dhéanaimid ná féachaint ar réamhaisnéis na haimsire ar an teilifís. Más ag taitneamh leath i ngan fhios dúinn a bhíonn an ghrian, cén bhrí a bhaineann le nathanna ar nós, 'Is tú grian m'anama!'

Go soilse an ghrian orainn, inniu, amárach agus go brách, Áiméan. Sin í mo phaidirse sna Himáilithe dom.

Tá fadhb leis an téamh uisce san Óstán Sivalinga ina bhfuilimid ag cur fúinn i gcomhair na hoíche. Ní mór dúinn buicéad uisce a cheannach, deich rúipí ar uisce te, agus an t-uisce a chaitheamh orainn féin; deasghnáth nó grásta éigin ag baint leis. Samhlaím an Poncán á ní féin agus ní 'Ambaist' atá á rá aige ach 'Athbhaisteadh'!

Ar ár slí go Gangotri, foinse thraidisiúnta na Gainséise. (Bhog an t-oighearshruth ó shin). Tá an bóthar chomh garbh sin, an té a d'osclódh mo leabhar nótaí ní cheapfadh sé go deo gur Gaoluinn a bhí á scríobh agam ach Sainscrit. An rud a scríobhann an púca . . .

Istigh i bpluais bheannaithe . . . I lár Gangotri tá pluais atá tiomnaithe don saoi Sai Baba. Is athionchollú é Sathya Sai Baba ar an Sai Baba as Shirdi, agus an Sathya Sai Baba sin bíonn sluaite móra ag triall ar a *ashram*. Fear mór míorúiltí, más fíor, cé go bhfuil lucht an réasúnachais ar a míle dícheall ag iarraidh droch-cháil a tharraingt air.

Bhuel, seo istigh sa phluais anois mé. Tá tine ar lasadh ag an m*baba* ann.

'*Om Sai Baba, Hari Om,*' á rá aige i dtólamh, leis féin, leis an tine, crónán bog máithriúil. Déanann sé *chapati* a réiteach dom sa ghríosach agus ithim é. Agus tabhair *prasad* air sin, tabhair bia beannaithe air, ofráil, sacraimint. Braithim naofacht na hIndia anseo níos mó ná i dteampall ar bith ina rabhamar, sa phluaisín seo, deatach á plúchadh, mo dhuine ann i mbun dualgas le scór bliain anuas. Ba chuma leis cad a d'fhágfainn aige, deich rúipí nó céad. Ní ar riachtanais an tsaoil seo atá a aird. *Om Sai Baba, Hari Om*!

Bó mharbh:
i gciúnas na Himáilithe
gogal gogal na mbultúr

Naoi gciliméadar d'aistear miúile déanta againn fad le Chid-Basa. Ní bhfaighir ar aon mhapa é – ná in Atlas an Ghúim féin. Is stáisiún tae agus brioscaí é – agus feaigeanna Wills de chuid na hIndia ná caitheann aon duine. Caitheann gnáthmhuintir na hIndia an *bidi*, toitín garbh féindéanta.

Nach tanaí atá an t-aer anseo. Dá sciorrfadh mo mhiúilín oiread na fríde bhíomar imithe le haill ach níor stad an treoraí ó bheith ag caint léi i gcaitheamh an ama – i dteanga na miúile – á gríosú, á ceansú nó ag tabhairt rabhaidh di nuair ba ghá, agus choinnigh sí a cúrsa cam go réidh . . . an chuid ba mhó den am. Gan Béarla ar bith ag an miúileadóir agus bíonn orm a dhéanamh amach an treoir don miúil a thug sé ansan ó chianaibh nó ordú domsa mo chloigeann a ísliú – géag íseal timpeall an chéad chúinne eile. Féachaim siar . . . cá bhfuil Eithne? Béic gharbh ón miúileadóir. Gan féachaint siar, an bhrí a bhainim as. Béic eile. Gan féachaint síos? A Dhia na bhFeart, cad tá á rá aige? Scaoileann an mhiúil broim . . . rúisc a bhaineann macalla as na sléibhte.

'Lig síos mé,' a deirim le fear na miúile. Ní mór dom sos a ghlacadh.

Tá Eithne agus an chuid eile den slua imithe ar aghaidh chun radharc a fháil ar an oighearshruth. Táimse sásta é a shamhlú i m'aigne – nó féachaint ar na grianghraif amach anseo. Déanaim machnamh faoi chrann. Corréan ag giolcadh. Sin uile. In áit mar seo, tuigeann tú cad a thiomáin na manaigh go Gleann Dá Loch, go Sceilg Mhichíl. Ní fhéadfá gan smaoineamh ar *Alpha* agus ar *Omega* san áit seo, an Tús agus an Deireadh, *ultima rerum*.

An préachán féin anseo, is caol a ghrágaíl. Is gearr go mbeidh sé ina thost ar fad. Tost a mhúineann na sléibhte arda anseo. Tost dothomhaiste Dé ar thalamh is ea iad. Sneachta a gcoróin shuthain, coróin nach mbainfear díobh go brách na breithe, is cuma cad iad na coimhlintí a chaithfidh an duine gabháil tríothu as seo go Lá an tSléibhe. Is iad dóchas dochloíte an domhain iad. Sea, a Bhush agus a Bhlair, a bhligearda, tagaigí anseo agus triailigí bhur n-airm in aghaidh neart na Himáilithe.

An ghrian os cionn na Himáilithe –
ólann mo mhiúil
e
as an nGainséis

Na miúileadóirí ag caitheamh *ganja*. (Ganga is ea an abhainn, *ganja* an druga, iad araon diaga, más fíor don seanchas). Foinavon a thugaimse ar mo mhiúilse, an taibhse de chapall a bhuaigh an Grand National fadó, Pat Taaffe ar a dhroim, gan aon duine de na tráchtairí ach Micheál Ó hEithir amháin in ann é a aithint nuair a nocht sé as an gceo.

Tá sé in am bogadh arís. Ní fhacthas mórán den oighearshruth. Foinavon fadchluasach, fadfhulangach . . . bí cruinn, bí cosdaingean ar an tslí ar ais go Gangotri dúinn. Má thagann tart ort arís, cuimhnigh gur 100 troigh síos uainn atá an Ghainséis.

Mo ghraidhin í bean Mhumbai, dá mbeadh sí anso anois déarfadh sí go bhfuil Dia sa mhiúil. Má tá – agus ní dheinim dabht de – ná lig síos anois mé. Ní fhéadfá bás a fháil in áit níos beannaithe, siúráilte . . . ach fós féin.

Ball den ngrúpa ag insint faoi chuairt a thug sé ar an Éigipt. Asal a chuaigh le haill. Ní hé gur sciorr sé ná gur thit a chodladh air. D'aon ghnó a rinne sé é. Díchreidmheach d'asal, ní foláir, ar tháinig taom éadóchais air. Mé ag súil go bhfuil creideamh níos daingne

ag miúileanna na Himáilithe agus ná smaoineoidís go deo ar chrúb a chur ina mbás féin.

Lucht an tae ag glinniúint orainn agus sinn ag imeacht. Éad orthu? Goimh? Níl aon léamh ceart orthu. Baileoidh siad leo ó dheas go luath agus ní bheidh fágtha sa cheantar ach cúpla *sadhu*, na díthreabhaigh ar cuma sa sioc leo faoin síobadh sneachta atá á thuar.

Moladh le Rí na Miúileanna . . . An chraic chéanna ar an mbóithrín ar ais. Ar chuireas riamh 18 ciliméadar díom ar an gcuma seo cheana? Má chuir, ní ar an saol seo a tharla sé. Na miúileadóirí ag miúileadóireacht leo agus an chuid eile againn ag paidreoireacht. Cuirtear in iúl dom go grod, le gnúsacht agus le geáitsí, greim docht a choimeád ar chúl na diallaite aon uair a mbeadh fána carraigeach romhainn agus is minic a bhí – Foinavon ag piocadh a slí roimpi go cáiréiseach. Bhís anseo cheana, tá súil agam, arsa mé leis an ainmhí bocht. Ar aghaidh léi, beag beann ar an lasc a fhaigheann sí ón miúileadóir gach uair dá mbíonn cúinne priaclach le cur dínn againn agus an miúileadóir á suaimhniú gach

Banana lofa
á chaitheamh ar an gcarn bruscair —
alpann miúil é

re seal, faoi mar a ghlaoitear chun na ngamhna, *'suc suc'* á rá aige go tláith léi agus láithreach ina dhiaidh sin liú eile as i dteanga na miúileanna: *'roits! roits!'* nó a leithéid sin, pé brí atá leis, liú a thabharfadh ba bodhra beannaithe as coillte.

Gangotri! Feicim uaim é, i bhfad thíos. Is é atá ann. Aithním Oifig an Phoist – bhíodar rite as stampaí inné. Sin é an teampall! Táimid slán! Moladh leis an Dúileamh agus le Rí na Miúileanna . . .

Bhí sé a ceathair a chlog faoin am sin. An chéad chúram ná buicéad uisce te a ordú agus sinn féin a ní. Lorgóimid áit chiúin chun béile a ghlacadh; an áit ina rabhamar aréir bhí raic á tógaint ag an ngineadóir leictreachais.

Ag gabháil trí bhaile Tehri . . . Tá rud amháin cinnte, ní fheicfimid an áit seo go deo arís. Damba ollmhór á thógaint anseo le blianta fada – i gcomhar leis na Rúisigh. Is gearr go mbeidh an dúthaigh ar fad faoi uisce.

Ceist an-chonspóideach is ea ceist na ndambaí san India, scríbhneoirí ar nós Arundhati Roy (údar *The God of Small Things,* leabhar atá á léamh ag Eithne faoi láthair) go mór ina gcoinne. Scríbhneoirí eile ina dtost. Dá mbeadh crith talún sa cheantar, cad a tharlódh? Ó, tá sé sábháilte, a deir na húdaráis. An rud céanna á rá acu faoin mbuama núicléach. Breá sábháilte! Chím moncaí ar dhíon tí. An ndéarfar leis in am a chip is a mheanaí a bhailiú?

In Dayopriyag dúinn, Ionad na nDéithe – cad eile! Cumar na nUiscí, an Bhagirathi agus an Alaknanda. Fórsaí neimhe agus fórsaí na cruinne ag teacht le chéile. Moill ar an mbóthar: maidhm shléibhe. Lucht pléasctha amuigh chun an bóthar a ghlanadh. Agus tabhair bóthar air – ar éigean má tá slí ag an mbó siúl thar bhó eile.

Agus anois, aistear 18 uair an chloig go hAllahabad cois na Yamuna, áit a mbíonn an Mela mór, an cruinniú oilithreach is mó ar domhan. Bhí leathmhóid glactha agam gan blaiseadh de bhiotáille na hIndia ach ghéilleas don gcathú agus fuaireas braon ón bPoncán tar éis dúinn bordáil: na rudaí beaga thart orainn ag lorg déirce a bhuair mo lionn – seacht gcatha na Féinne ní choimeádfaídís smacht orthu. Gadhar sáinnithe sna ráillí traenach, ag iarraidh éalú is gan aon duine ag tabhairt aird dá laghad air.

Rud éigin á bhreacadh ag an bPoncán ina leabhar nótaí. Trí líne. Haiku? Ní maith liom a bheith fiosrach ach . . . níl ann ach cuntas ar a raibh ite aige. Má nimhítear é, beidh a fhios ag an dochtúir an frithnimh is éifeachtaí le tabhairt dó, más sliogiasc a d'ith sé, cuir i gcás, nó feoil. An-aire á tabhairt aige dá shláinte! Ar ndóigh, dá n-éireodh sé go dona tinn ní bheadh sé in ann ól, is dócha.

Gearrann an Poncán bun buidéil phlaistigh le siosúr agus fóineann sé go maith mar ghloine. Nuair is cruaidh don gcailleach agus mar sin de. Pléimid filíocht Mheiriceá. An raibh aithne agam ar Alan Ginsberg? Bhuaileas leis uair amháin, i mBaile Átha Cliath. Nocht sé i mBewley's, agus leabhar á sheoladh ag Davitt ann. Agus téim siar ar bhóithrín na smaointe, mar a dúirt an té a dúirt, go dtí laethanta *INNTI*; braithim uaim comhluadar na bhfilí, an díospóireacht, an flosc, an bitseachas, an tsamhlaíocht ag borradh i mbólaí neamhdhóchúla, an mhioscais, an leibhéal, an fhís agus eile. B'in,

ar ndóigh, tréimhse ina raibh sprioc éigin againn go léir – má b'éiginnte ilghnéitheach go minic í mar sprioc. Ní bhraithim cuilithe ar bith san abhainn le tamall maith de bhlianta anuas – ná an abhainn féin a bheith ann fiú amháin. An é nach bhfuil aon ní nua le rá againn? An bhfuil gach aon ní seanráite agus seanchloiste faoin am seo? Nach bhfuil glúin nua léitheoirí ann? Má tá lag trá ann i láthair na huaire, conas nach bhfuil aon duine á phlé? Ní caitheamh aimsire atá san fhilíocht ach riachtanas. Dá mbeadh uisce an tobair truaillithe, nach mbeadh plé práinneach ag saoithe an bhaile faoin ngéarchéim agus faoina réiteach? Nó, tar éis dó a bheith imithe i ndísc dá mbeadh an tobar ag cur thar maoil arís le huisce glé, ná beadh ábhar ceiliúrtha ann? Osna ná olagón ní chloisim, ná liú áthais. Tost dubhach. Ní féidir cumadh i bhfolús an t-am ar fad. Seans go n-iompóidh mé ar ais ar an mBéarla ar feadh tamaill. Dáimh a chothú le filí na hIndia, abair. 'Chríost! Tá breis is tríocha bliain ann ó scríobhas dán i mBéarla. Cad tá orm in aon chor? An speabhraídí atá orm?

An bhfuilim i ndáiríre nó an é fuisce na hIndia faoi ndear é?

'An ndúirt tú rud éigin?' arsa an Poncán neamhbhearrtha.

'Faic,' arsa mise, 'táim ag rámhaille . . . '

Baineann sé an barr den mbuidéal, sánn a chloigeann tríd an gcuirtín ar eagla go mbeadh feidhmeannach traenach ag póirseáil thart – i mbréagriocht. Ólaim bolgam breá eile den stuif atá ag ligint air gur Scotch is ea é. Dá mbeadh mún moncaí tríd ní chuirfeadh sé iontas orm. (An fíor gur ólas mún ar stáitse i gCorcaigh agus mionpháirt éigin agam i ndráma le Seán Ó Tuama? Is fíor, i ndomhnach. Agus conas a bhí sé? An dráma nó an mún? Ní raibh ceachtar acu thar mholadh beirte).

'Cé atá leat sa charráiste?' arsa mise leis an bPoncán. Bíonn ort réamháirithint a dhéanamh chun suíochán codlata a fháil.

'Níl tuairim agam,' ar seisean. 'Tá Spiderman leis féin anocht, is cosúil . . . '
Faighim amach an mhaidin dár gcionn ná fuair sé deis ólacháin i gcaitheamh na hoíche – fear na dticéad a bhí ag roinnt an charráiste leis. Ar mo leabhar breac.

Teaghlach Hiondúch sa charráiste codlata againn féin: fear, bean agus iníon leo. Ba shuaithinseach, dar liom, an aire a bhí á tabhairt ag an iníon dá hathair – nach raibh chomh haosta sin, dáiríre – a chuid piollaí a fháil dó, á chlúdach go cneasta le blaincéad agus eisean á shoipriú féin, na cosa faoi ar nós iógaí.

Fágaim an solas ar lasadh tamaillín eile agus tosnaím ag léamh faoin Mummidivaram Yogi (1930-1985) nó an Bala Yogi mar a thugtar, leis, air. Chaith sé formhór a shaoil ina shuí san áit chéanna, gan faic a ithe, ná an braoinín féin a ól. Faic in aon chor, a dhuine. Tada! An gcreidfeá é sin? Daichead éigin bliain san áit chéanna, ar bholg folamh. Is níor éirigh sé bréan de féin, is léir. Is deacair é a thuiscint agus a bhfuil ar eolas againne, Gaeil, ar stailceanna ocrais. Ach sin í an India duit! Agus tá scéalta níos aistí fós cloiste agam, ach ní bhodhróidh mé thú an uair seo leo.

Ag campáil ar oitir ghainimh cois na Gainséise. Na tinteanna curtha suas go socair dúinn ag na bádóirí agus campa beag mar thigh an asail – poll mór sa ghaineamh agus cláir adhmaid anuas air. Chaithfeá a bheith i do iógaí ceart chun do chúram a dhéanamh ann. Scata beag de mhuintir na háite tagtha anall chun breathnú orainn, pé brocais as a dtáinig siad. Is ábhar grinn sinn, de réir dealraimh. Agus is dócha gurb ea, leis. Dá gcífimis sinn féin trí shúile mhuintir na háite ba ghioblach éidreorach an dream sinn, ceart go leor.

An ghrian imithe síos ach luisne phinc ar chraiceann na Gainséise i gcónaí – brídeach ar an gcéad oíche de mhí na meala. Glaonn éan ón mbruach thall. Éigrit, b'fhéidir.

108 ainm ar an nGainséis ach an t-ainm is binne orthu ná Ma, an mháthair. Tosnaím ar chantaireacht a chumadh is a rá os ard: 'Ma Ma Ganga Ma, Ganga Ma Ganga Ma, Ma Ma Ganga Ma . . .'

Poill bheaga ar fud an ghainimh. Geirbilí, a deir duine éigin. Cá bhfios. An ghealach léi féin anois sa spéir, lonrach, lách. Beannaím di.

Fáinne geal an lae. Ní bleachtaire mé ach feictear dom go raibh neach éigin ag fánaíocht thart i gcaitheamh na hoíche. Scrúdaím an gaineamh. Duine? Ainmhí? Corp duine mhairbh a chuala an chantaireacht a bhí ar siúl agam is a tháinig amach as an nGainséis is é ag santú comhluadair? Níorbh ea ach an Poncán! Ar a chaid. Spadhar éigin a bhuail é. Chuaigh Spiderman amach á lorg agus thug faoina tharrac ar ais go dtí an puball. Tionlacan na n-óinseach.

Duine á ní féin sa Ghainséis. Duine nár chuala riamh an focal 'néaróis', i dteanga ar bith, agus ná tuigfeadh dá míneofaí dó é. Uiscí na Gainséise gile, na huiscí a iompróidh a luaithreach lá éigin agus iad araon ar a mbealach siosarnaí chun na síoraíochta is an athfháis.

Is duairc dúnárasach an dream iad na bádóirí, nó an bheirt atá i mbun rámhaíochta dúinne ar aon chuma. D'aithneofá go maith gur *caste* nó aicme ar leith iad. Uair amháin a labhraíodar linn chun 'deilf' a rá ina dteanga féin – '*Sur! Sur!*' Bíonn deilfeanna abhann le feiscint ó thráth go chéile; deirtear go bhfuilid caoch, geall leis. Ní fhaca an Poncán iad. É sínte sa bhád, cuileoga ag damhsa air. Eagla ar Eithne go ndófaidh an ghrian é; beireann sí ar a scaif nuacheannaithe agus socraíonn os a chionn é mar chuirtín.

Síos an Ghainséis linn ach go háirithe, bád an chócaire dár dtionlacan. Nach aisteach agus an cháil atá ar thae na hIndia gur fíordhrochthae amach is amach a bhlaiseamar go dtí seo, *chai* milis as citeal.

Doxycycline na piollaí maláire atá á nglacadh againn. Deir an Poncán gurb iad is fearr, ná déanfaidh siad dochar don ae agus ná cuirfidh siad tromluí orainn; níos fearr fós, a deir sé, tá de cháil orthu go maraíonn siad na frídíní nó na micrea-orgánaigh a d'fhéadfadh a bheith sa bhia. Seans go bhfuil an fhírinne ansin aige; níor buaileadh tinn go fóill sinn, moladh mór le Ganga Ma. Ná glac ar maidin iad, áfach, ach um thráthnóna a deir sé, mar ní mheascann siad go maith leis an ngrian agus ar chraiceann do chluaise ná tóg i dteannta Rennies iad nó aon ní mar sin a chabhraíonn leis an díleá. Is fáidh poitigéireachta é, is cosúil. Molann sé dúinn cumhrán agus lóis iarbhearrtha a sheachaint, go meallaid na muiscítí.

Captaen an bháid ag ól *ganja* ar a shocracht agus is torannach an taitneamh a bhaineann sé as. Dúidín aisteach aige. Bhíos ag léamh an lá cheana faoin mboc seo a bhí tugtha don n*ganja* agus don mbiotáille, i dteannta a chéile, agus é chomh mór sin ina andúileach ná fuair sé *buzz* astu a thuilleadh agus gur luigh sé isteach ar na laghairteanna – na reiptílí sin a chíonn tú ar na fallaí. Ceithre cinn sa ló a bhíonn aige. Tá nimh an diabhail iontu. Deir na saineolaithe gur droch-chás amach is amach is ea é, Dia á stiúradh.

An chéad stop eile Varanasi ar a dtugtar, leis, Banares – nó Kashi, Cathair an tSolais. Is ann a thagann baintreacha cráifeacha na hIndia chun bás a fháil. Bhuel, is fearr sin – a bheith ag crochadh thart in Varanasi – ná an nós a bhí i réim go dtí le déanaí, *sati* – an bhean á caitheamh féin ar an gcarn créamtha le bheith i dteannta an fhir. Ní mór dúinn creidiúint éigin a thabhairt do na Briotanaigh as an méid sin, is dócha; is iad a rinne neamhdhleathach é mar nós in 1829.

Faoin ngealach lán tá duine de na bádóirí á aclú féin ar bhruach na Gainséise; ag rámhaíocht ó mhaidin a bhí sé. Níl smid feola air; matáin, sin uile. Is aisteach a bheith gan gnáth-threalamh na sibhialtachta

Corp sa Ghainséis —
éan
ag marcaíocht air

nua – nuachtáin, na leathanaigh spóirt san áireamh, raidió, teilifís, gutháin, leictreachas is na nithe eile go léir a bhfuil cleachtadh againn orthu, tae, tósta, seacláid, Fairy Liquid, agus na fuaimeanna go léir nach gcloisimid anseo, na guthanna, na haghaidheanna nach bhfeicimid.

Aon bhrat gorm amháin ... Níl taithí agam ar mhallbhuillí na maidí rámha im chluasa ó mhoch maidine go hardtráthnóna. Mé faoi bhriocht. Deacair breith ar am agus ar spás – cá fhad uainn anois an bruach úd thall? An i bhfoisceacht scread asail dúinn é? *Gaukos* a deir na hIndiaigh chun 'fad ghéimneach bó uait' a chur in iúl, pé fad é sin. Uaireanta is aon bhrat gorm amháin iad an Ghainséis agus an spéir. Chun fócasú i gceart ar an saol, féachaim ar Krishna, an bádóir is óige. Súile ainmhí atá ina cheann, ba dhóigh leat, súile a shamhlófá agus iad ag lonrú romhat sa dufair – liopard. Súile a deir, 'Ní aithním thú – ní dem shórtsa thú!'

Var-an-asi, Var-an-asi, a deir na maidí rámha, arís is arís eile, mantra aontonach.

Comhrá agam leis an mbeirt is sinsearaí sa bheár san Óstán Hindusthan International, Varanasi. Is Beangálaigh iad. Kali Prasad Bhattacharya duine acu. Is maith leis go bhfuilim in ann brí a bhaint as a ainm agus as a shloinne: Kali, bandia na scriostachta a chaitheann dosaen blaosc timpeall a muiníl, a teanga amuigh aici. Ní hé gach Hiondúch a thuigeann go seasann na blaoscanna sin do bhás an *ego* ... Ach nílim chun é sin a ardú, go fóill, ar aon nós. *Prasad* is ea bia beannaithe, milis de ghnáth, a dháiltear ag an searmanas *puja*. Agus deinim amach gurb é atá san iarmhír '-*acharya*' ná 'oide'. Tá sé sásta go dtuigim an méid sin. An duine eile, Amitava Guha a thugann sé air féin, agus is é is Amitava ann ná ainm eile ar an mBúda, an Solas nach Múchtar. Thart ar 50% de mhuintir Varanasi is de bhunadh Bheangál iad, a deir Kali liom. Thugtaí an dara Beangál ar an áit seo tráth den saol. 50%? Muc ar gach mala ag Amitava. Easaontaíonn sé. 40% a deir sé. Croitheann Kali a cheann agus cheapfadh aon duine gur ag easaontú go séimh lena chomhghleacaí a bhí sé, ach ní hea ar m'anam – is comhartha é sin go bhfuil sé ag teacht leis an bhfear eile. Caithfear na comharthaí a aithint san India.

Ghat in Varanasi —
leathchos mná
    nár ligh na lasracha fós í

Tosnaíonn siad ansin ar chéatadáin a mhalartú, ar nós mangaire a bheadh ag iarraidh rud éigin a dhíol leat agus go gcaitheann sibh teacht ar phraghas réasúnta; i ndeireadh thiar thall socraíonn siad ar chéatadán i bhfad Éireann níos ísle – 15%.

'Ach ní bheinn róchinnte faoi sin ach an oiread,' a deir Kali liom nuair a fheiceann sé an figiúr sin á bhreacadh síos agam. '15%? Ní féidir a bheith cinnte ná leathchinnte faoin bhfigiúr sin,' a deir sé go sollúnta, faoi mar ba é an staitistic ba thábhachtaí ar domhan é, níos tábhachtaí ná líon na saighdiúirí atá ag slógadh faoi láthair i gCaismír, abair, ábhar atá róchonspóideach le hardú i mbeár poiblí. (Daonchumhacht mhíleata na hIndia, fireannaigh 15-49 bliain d'aois: 164, 410, 462).

Pléimid cúrsaí creidimh agus fealsúnachta. Thug Kali cuairt ar Goa uair amháin, a deir sé, Goa a bhí tráth ina choilíneacht Phortaingéalach ach ar cuid den India anois é. Ní hiad na Briotanaigh amháin a bhí san India. Bhí na Francaigh in Pondicherry agus bhí Gearmánaigh agus Danmhargaigh, fiú amháin, ag iarraidh píosa den gcáca mór a

bheith acu. Ar aon nós, bíodh is gur Hiondúch deabhóideach é Kali, mar a thuigfeá agus ainm mar sin air, bhí sé fiosrach ag an am faoi reiligiúin eile agus thug cara leis ag Aifreann an Domhnaigh é. Ghlac sé Comaoineach ón sagart. Níor bhacas a rá leis nach nós le sagairt an Chomaoineach a thabhairt do neamhchreidmhigh ach bhí a fhios agam, ar chuma éigin, nár neamhchreidmheach é Kali – ghéillfeadh sé do gach creideamh faoin spéir. Chuir seanmóir an tsagairt goimh cheart air agus ní fhacthas in eaglais Chaitliceach ó shin é. Is é a bhí á rá ag an sagart gur ainmneacha Críostaí – John, Joe, Luigi *etc.* – a bhí ar na bithiúnaigh go léir sna scannáin agus gur scannal é. D'fhág an scéal sin balbh mé, im staic. Níl a fhios agam an dtuigim fós é.

An dóigh leat gur bandia í an Ganga, a fhiafraímse ansin d'Amitava agus sinn ag féachaint amach ar an abhainn. Tugann an bheirt catsúil ar a chéile.

'Bhuel,' arsa Amitava, 'ní ólfainnse uisce na Gainséise ná ní thumfainn inti. Beag an baol.' (Fear nua-aoiseach atá agam, ar mé i m'aigne féin).

'N'fheadair éinne an méid *coli* atá inti. Millteach ar fad! Mar sin féin, bíonn na mílte á ní féin sa Ghainséis, gach lá, nach mbíonn, agus in áit a bheith tinn is amhlaidh a neartaítear a gcóras imdhíonta. Tá cruthú eolaíochtúil air sin. An creideamh, an dtuigeann tú, an creideamh faoi ndeara é sin.'

'Mmm . . . ' a deirimse liom féin, 'níor fhreagair sé mo cheist.'

'I dtaca le cúrsaí creidimh de,' arsa mise, 'cén difríocht is mó atá eadrainn?'

'Níl aon difríocht eadrainn, is daoine sinn,' arsa Amitava agus féachann sé idir an dá shúil orm chun deimhniú nó fianaise a fháil ar an ráiteas sin. Ní chuirim ina choinne. Ach deir Kali ansin go santaíonn muintir an Iarthair maoin, maoin agus breis maoine nuair nach bhfuil ó fhear na hIndia ach suaimhneas aigne. Dáiríre, arsa mise i m'aigne neamhshuaimhneach féin. Mar thacú leis an teoiric sin faighim bleaist mhór ansin sa tSean-Sainscrit uaidh: *Rajadhana, gadjadhana, bahridhana aur santoshdhana – saba dhana dhuri saman* etc . . .

'Raidht,' a deirimse.

'Cur síos é sin,' a deir sé, 'ar na saghsanna maoine atá ann, tá's agat, seodra, stoc, gabháltas agus mar sin de agus gur maoin gan tairbhe gach maoin acu sin mura bhfuil suaimhneas aigne agat.'

'OK,' a deirim, 'tá mo thraeinse ag imeacht go luath,' agus fágaimid mar sin é. Ní dhiúltaítear don síneadh láimhe a fhágaim ar an mbord. 700 míle ar ais go Deilí, am mo dhóthain agam chun machnamh a dhéanamh ar an gcomhrá sin.

Ar shráideanna Varanasi chím cráiteacháin gan suaimhneas aigne ná sealúchas acu, lobhair agus stumpaí á nochtadh acu in áit méara láimhe agus coise.

Buaileann Indiach bleid orm sa spás sin idir na carráistí traenach ina mbíonn daoine ag caitheamh tobac, nó ag glanadh a mbéil, a scornaí, nó a dteanga fiú amháin. Is minic an doras sin fágtha ar oscailt agus radharc breá agat ar an tírdhreach. Cúrsaí teochta a bhí ag déanamh scime dhó. Mhíníos dó gur annamh a bhíonn sé faoi bhun an reophointe in Éirinn agus nach cuimhin le haon duine anois Oíche an tSneachta Mhóir, gan trácht ar Oíche na

Gaoithe Móire. Aeráid mheasartha atá againn in Éirinn, a deirim leis. 6.30 a.m. agus teas breá ann cheana féin. An dtabharfainn mo sheoladh dhó? Siúráilte, agus fáilte. É ag súil go mór le comhfhreagras spéisiúil eadrainn – faoin teocht.

'*You cool*,' ar seisean liom. Cúrsaí teochta arís, ab ea? Táim ag tnúth go mór leis an gcéad litir uaidh.

Moncaí i mála . . . Glacaim grianghraf de mhoncaí beag, gúna dearg air agus é ag damhsa ríl. Ritheann guagach i mo dhiaidh. 'Cúig chéad rúipí!'

'Hath?'

'Cúig chéad. Is é mo mhoncaí é. Is é mo ghnósa é! Moncaí . . . damhsa . . . grianghraf.'

'Nílim ag iarraidh an moncaí a cheannach!' a deirimse.

'Moncaí a cheannach? Cúig mhíle rúipí!'

'Ní hea, ní . . .' Tugaim céad dó agus bailím liom chomh tapaidh in India agus atá i mo chosa.

Tugann Noam Chomsky léacht i nDeilí ar an 5 Samhain. Deir sé: '*There is a growing realisation that in the present system, capital is a priority and people are incidental.*' Is maith liom '*the present system*'; tugann sé sin le fios gur féidir teacht ar chóras eile. Frith-Mheiriceánach a thugtar ar an Ollamh Chomsky. Ní cur síos cruinn é sin, dar liom. Is tírghrátthóir é, fíor-Mheiriceánach. Ba mhaith leis saint a chomhthíreach a chur abhaile orthu, an tsaint sin a dhallann iad.

Duine de na daoine a thagann go dtí an tAcadamh chun éisteacht le mo chuid filíochta, cuireann sé é féin in aithne dom go cúirtéiseach:

'Is mise Nirankar Narain Saxena. Scríobhaimse *teras*!'

'Maith thú féin,' a deirimse agus mé ag iarraidh a dhéanamh amach cad sa diabhal iad na *teras* seo mar nach cuimhin liom teacht orthu sa *Princeton Handbook of Multicultural Poetries* ná i lámhleabhar ar bith dá shórt. Is fearr a bheith macánta agus gan a bheith ag ligint orm, mar sin deirimse leis:

'Níl a fhios agam go baileach cad iad na *teras* seo agat, is baolach.' Is léir nach bhfuil sé chun deargaineolaí a thabhairt orm. A mhalairt. Is iontach an ní é go bhfuilim chomh fiosrach sin, go bhfuilim sásta cur le mo stór eolais.

'Conas a chloisfeá trácht orthu, a chara? Níl a fhios ag éinne cad is *teras* ann.' Braithim míle uair níos fearr . . . bhuel, ní hea, go baileach, ach tugann an admháil chroíúil sin faoiseamh éigin dom. 'Foirm nua is ea í. Mise mé féin a chum!' Tá an tOllamh Satchidanandan ag féachaint orm as eireaball a shúile – an é go bhfuil trua aige dom? Cén fáth go mbeadh?

'Bhuel, féar plé dhuit!' a deirimse, ag tréaslú a ghaisce leis. 'An – an mbeadh sampla de do shaothar ansin agat?' Bheadh gan dabht. Sula mbeadh aga agat ar 'Dia idir sinn is na *teras*' a rá, síneann sé leabhar chugam.

'Ba mhaith liom é a cheannach uait!'

Cuirim lámh i mo phóca. 'Ní hea, is leat é. Bíodh sé agat!' ar sé. Glacaim leis an mbronntanas. 'Is é atá sa bhfoirm nua agam ná trí fhocal déag – ní *hiku* iad,' ar sé. *Hiku?*

'Ó, *haiku* ab ea?'

'Sea, ní *hiku* iad . . . ach *teras!*'

Tosnaím á léamh. Leathann na súile orm. Níl ach dhá líne léite agam agus – an fíor? Bíonn orm dul siar arís ar an dá líne sin. Ar léas i gceart iad? Léigh. Tá na *teras* seo . . . conas a chuirfidh mé é . . .

'Céad caoga rúipí!' ar sé, go tobann.

Baintear preab asam. Nár bhronntanas ab ea é?

'An mbeifeá in ann 500 a bhriseadh?' Féachann sé ar an nóta 500, faoi mar ná faca sé a leithéid riamh cheana. An chuma ar an scéal ná beidh sé in ann é a bhriseadh. Ransaíonn sé a sparán; na pócaí ansin. Síneann slám beag nótaí chugam. Ní bhacaim lena gcomhaireamh. Tar éis an tsaoil, cén luach is féidir a chur ar *teras?* Léim an nóta beathaisnéise. Deir sé gur baitsiléir é an t-údar agus go mbíonn sé an-ghnóthach an t-am ar fad. Ní *non sequitur* é sin. Tá gaol éigin ag an dá fhíric lena chéile.

'An síneofá dom é?' Tagann aoibh air. Deinim amach gur lá speisialta dó an lá inniu – ar nós na chéad chuairte ar an zú, abair.

Síníonn sé an leabhar dom: 'Le grá.' *Jaysus,* nílim ach díreach tar éis bualadh leis agus tá grá aige dom cheana féin. B'fhearr dom ceann de na dánta a léamh.

'Á, phioc tú an ceann is fearr,' ar sé.

Seo é:

Pray
Read write
Enjoy
If you please
Send comments
Yours truly, NN Saxena

Féachann sé orm, mar a bheadh gadhar fáin sa chlapsholas ann, é ag súil go ligfinn isteach é agus é a chothú ón lá míorúilteach seo go lá a bháis. Níl a fhios agam an ceart gáire a dhéanamh nó gol. Arsa mise i m'aigne féin, 'Léifear do shaothar nuair a bheidh dearmad déanta ar Kalidasa, Bihari agus Tagore – ach ní go dtí sin!' Tá sé fós do mo scrúdú.

'Cén fáth?' arsa mise. Táim ag iarraidh smaoineamh ar rud éigin le rá.

'Gabh mo leithscéal?'

'Sea, cén fáth . . . ? Cén fáth trí fhocal déag?'

Maíonn a sheangháire arís air. Tá sé chun ceann de mhistéirí móra an Oirthir a roinnt liom.

'Bíonn 13 mí-ámharach, nach mbíonn?'

'Hmm . . .'

'Bréagnóidh na *teras* an teoiric sin!' arsa Nirankar Narain Saxena, M.A.

Ceannaím an leabhar *Malgudi Days*, gearrscéalta soineanta le R. K. Narayan. Ní fhéachaim ar an bpraghas.

'*One eighty rupees*,' arsa bean an tsiopa. Tugaim céad ochtó rúipí di. Cad eile. An rud nár thuigeas ná gur '*One 80 rupees*' a bhí sí á rá, má thuigeann tú leat mé, murab ionann agus '*Two 80 rupees*', is dócha; i bhfocail eile, ochtó rúipí glan an praghas. D'imir fear tacsaí an cleas céanna orainn:

'*One fifty rupees*,' a d'iarr sé orainn – is é sin le rá, 50 . . . agus ní hé an 150 a thugas dó. Ní fhoghlaimeoidh mé go deo.

I Músaem an Taj, chonaiceamar plátaí uaine a raibh de cháil orthu go scoiltfidís nó go dtagadh dath eile orthu dá dteagmhaídís le bia nimhe. Na feidhmeannaigh ag méanfach. Bheadh slua i bhfad níos mó ag triall ar an Músaem dá gcuirfidís seó beo ar bun leis na miasa sin agus cleas na nimhe.

Tar éis dúinn lán ár ndá súl a bhaint as an Taj, tugadh chuig ceardlann sinn ina bhfuil sliocht na n-oibrithe oilte úd a chruthaigh an Taj ag plé leis an marmar bán i gcónaí. Na ceardaithe cromtha os cionn a n-uirlisí. Níor athraigh faic. Táid fós ag sclábhaíocht mar a rinne a muintir rompu. Cé gur Moslamaigh iad ar fad, ní leasc leo fíoracha den mBúda a chruthú – rud ná taitneodh lena mbráithre, an Taliban, na híolbhristeoirí, dá mbeadh a fhios acu mar gheall air.

Táim ag baint ríthaitnimh as *Malgudi Days*; caithfidh mé roinnt úrscéalta dá chuid a léamh. Abairt amháin i gceann de na gearrscéalta ar léiriú ar an impiriúlachas é: fógra a deir gur carráiste traenach é seo do cheathrar trúpaí Briotanacha – nó do sheisear trúpaí Indiacha.

Stáisiún traenach Agra istoíche, ag fanacht ar an traein ar ais go Deilí. Casúireacht bhorb lucht daingnithe na ráillí, eolas faoi thraenacha á fhógairt as Hiondúis agus ansin as Béarla, lucht díolta *chai*, bananaí, cnónna, cleití péacóige agus a thuin féin ag gach duine díobh chun go n-aithneofaí os cionn an challáin iad. Stopann an gleo go tobann. Ní fios cén fáth. Análú mór amháin isteach? Tosaíonn an ruaille buaille arís. Cantaireacht dhiaga ag teacht ó theampall. Glór ard géar muiscíte im chluais. Tacsaithe trírothacha agus a n-adharca á séideadh acu, mar a bheadh trumpa á fhógairt gurb é Lá an Luain é. Bean ag sraothartach. Glantóirí ag scuabadh rompu. Ciceáiltear gadhar tríchosach. Uaill. Feadóga á séideadh. Bonnán na traenach. Cá hionadh gurb í an India a roghnaigh an Búda chun teachtaireacht an chiúnais a chraobhscaoileadh.

Slán leis an India . . . Caithimid an oíche dheireanach san India i dteannta Shantosh agus Rama, beirt bhan mhisniúla. Sliabh Everest dreaptha faoi dhó ag Shantosh, an t-aon bhean ar domhan a rinne a leithéid. (Caithfidh go bhfuil sí luaite i leabhar curiarrachtaí Guinness). Duine í atá umhal agus uaillmhianach ag an am céanna – fonn uirthi an India a athrú. Ní galar aon duine amháin é sin. Agus Rama? Leagan baineannach de Mhicheál Mac Liammóir, d'fhéadfá a rá. Níl sí i leabhar Guinness, go fóill ar aon nós; ach is gearr go mbeidh, faoi chatagóir nua. A lámha grástúla clúdaithe le *henna*. Nuair a chasann sí a cloigeann go drámatúil chun cluas éisteachta a thabhairt duit, ní fhéadfá gan rud éigin an-domhain ar fad a rá léi. Is duine í ná tuigfeadh mionchaint ar nós, 'Nach breá an lá é!' Ní díomá a bheadh uirthi ach briseadh croí − agus fearg − dá gcuirfeá do thallann amú le caint gan dealramh. Cheana féin tá sí ag iarraidh teacht go hÉirinn agus trúpa banealaíontóirí ina teannta. Cad a dhéanfaimid?

B'fhéidir go bhfuil Féile Ealaíon i gCoillte Mach a d'fháilteodh roimh théama Indiach − agus ligfimid do Shantosh Cruach Phádraig a dhreapadh. Táim breá sásta trúpa banealaíontóirí a thabhairt go hÉirinn ach níl ach ceithre sheomra leapa sa tigh seo againne agus, ar aon chuma, níl a fhios agam cad a dhéanann na mná seo. Cad is trúpa ann? Deichniúr? Scór? Cad is brí le cuairt? Seachtain? Mí? An damhsóirí iad? Deinim iarracht éigin ar leide a fháil ó Rama ach tá sí i lár abairte − abairt an-fhada; freagraíonn sí an cheist sa deireadh lena lámha. Déarfainn gur damhsóirí iad . . . nó ealaíontóirí sorcais? Deacair a rá.

Tugann Rama sinn go dtí Ionad Cultúir na Rúise i nDeilí, áit ina gcruinníonn filí chun a gcuid dánta a reic. Iarrtar orm cúpla dán a léamh agus is trí mheán na Hiondúise an chuid eile den oíche, Rama suite go teolaí i m'aice agus línte thall is abhus á n-aistriú aici dom, sa mhéid gur geall le gloine dhaite ina eas smidiríní ceolmhara anuas orm an oíche éigse seo. Tá's agam gur meafar aisteach é sin ach oíche aisteach ab ea í. Léigh fear amháin as Urdúis, teanga a bhfuil cáil na filíochta uirthi agus bheadh an teanga sin, leis, ag Indiach ar bith a mbeadh meas aige air féin.

Bíodh is nár thugas liom ach corrlíne anseo is ansiúd, ní mór dom a admháil go macánta go raibh sí ar oíche de na hoícheanta filíochta is mó a fhanfaidh i mo chuimhne. Ní éisteacht chiúin bhéasach a thugadar dá chéile ach a mhalairt − tacaíocht ghlórach mhórtasach.

'Bhá bhá bhá!' a bhéiceadar, faoi mar a déarfaí 'Ó thuaidh!' nó 'Mo ghrá do sciúch! Dia go deo leat!' ag seisiún sean-nóis ag baile. Filíocht phobail, mar sin? Níorbh ea. Filíocht chlasaiceach chomhaimseartha.

As sin go dtí Preas-Chlub na hIndia chun fliuchadh ár mbéil a fháil. Táthar ag ullmhú don bhféile mhór Diwali. Na bóithre plódaithe le leoraithe móra ar aistear ceithre lá

An mhaidin ag marmarú,
macalla geal na gcolúr:
an Taj Mahal

is ceithre oíche go Mumbai. Mí ina dhiaidh sin beidh féile ag an bpobal Saíceach ann agus mí ina dhiaidh sin arís, an Nollaig.

Deir Rama linn go bhfuil antoiscigh Hiondúcha ag cur in aghaidh cheiliúradh na Nollag; nach bhfuil i spiorad na Nollag, mar dhea, ach tionchar theilifís an Iarthair. Ní cheiliúrann Críostaithe Diwali; cén fáth a mbeadh Hiondúigh ag ceiliúradh na Nollag? Ar ndóigh.

Ghabhas buíochas ó chroí le Rama as mé a chur in aithne do na filí. Chonacthas dom gur dream ab ea iad nach raibh sásta fulaingt nó ceiliúradh ina n-aonar – nó iad féin a bhá, mar a dhéanann filí na hEilvéise go minic (tá lochanna na hEilvéise truaillithe ag mionfhilí a chuir lámh ina mbás féin); in áit iad féin a bhá, mar sin, is amhlaidh a dhéanann siad iad féin a bhá – le *'Bhá bhá bhá!'* an oíche go léir, nó an bord a bhualadh, dá gcorraíodh líne nó

íomhá iad: smaointe, rithimí, friotal agus mothúcháin á roinnt mar bhia, mar dheoch, mar íocshláinte. Meas ar an bhfocal, ar mhistéir agus ar cheol na beatha, meas ar bhua na héigse chun dán an duine a léiriú, nádúr an duine, an aigne cheisteach, an croí suaite, an tnúthán síoraí, an t-amhras, an t-éadóchas, an misneach, an féincheistiú, an tranglam beo beathach.

Seo dán le mo chara K. Satchidanandan:

Rip Van Winkle

Níor athraigh aon ní
Nuair a dhúisíos tar éis scór bliain.
Táimse ag dul ar ais a chodladh.
Dúisigh mé nuair a athróidh sé.
Neosfadsa duit ansin conas a bhí an saol
Agus déarfad leat é sa tslí
Go mbeidh fonn ort dul ar ais ann.

Smaoineamh an lae

Is ann don ghrá chun an bás a shárú.

Eugen Rosenstock-Huessy

Kowloon . . . ag breathnú uainn ar spéirlíne oíche chathair Hong Cong. Na huiscí ildaite ag drithliú. Nithe aisteacha á dtairiscint ag na bialanna – bod fia ina measc. Castar Astrálaigh orainn san óstán. Tá na hAstrálaigh in ann é a chaitheamh siar, deirimse leat. Bhíomarna as cleachtadh. Ní cuimhin linn mórán eile faoi Hong Cong. Tá súil agam go raibh *time* maith againn ann.

Smaoineamh an lae

Tá dhá mhórfhórsa ag an duine – an dóchas agus an creideamh. Níl san éirim aigne ach mionrud i gcomparáid leo. Striapach is ea í, uirlis. Má tá creideamh agat, leanfaidh tú ort ainneoin na díomá. Má tá dóchas agat, ní ligfidh tú d'aon ní síothlú má bhain fiúntas riamh leis.

Eugen Rosenstock-Huessy

Cosc ar chlaimhte . . . Óstán Sakura (Bláthanna Silíní) i dTóiceo, an t-óstán is saoire sa chathair. Rialacha an tí á léamh againn, leabhar toirtiúil, stíl lom ag an té a scríobh. Caithfear an *yukata* a chaitheamh gach oíche – go háirithe má thánn tú ag dul amach sa phasáiste go dtí an cithfholcadán comónta. Saghas gúna fada is ea é. Cuireann sé cuma an *tsamurai* ormsa. Ní cheadaítear claíomh a thabhairt isteach san óstán leat. Réasúnta go leor, im thuairimse.

Tá cuireadh faighte againn ó fhoilsitheoirí haiku *avant-garde* freastal ar ócáid chun a gcuid foilseachán a cheiliúradh ina dteannta. Daoine ag sléachtadh is ag umhlú faoi mar go raibh gach dara duine acu ina impire. Mo mháistir *renku* (saghas nascvéarsaíochta atá gaolmhar leis an haiku) i mo theannta, an tOllamh Shinku Fukuda – is ball mé de Chumann Renku Bhealach na Bó Finne, dála an scéil – agus ball eile den ngrúpa idirnáisiúnta renku, Fusako Matano, inár dteannta. Trí huaire an chloig go leith de spéiceanna móra fada agus de haikunna beaga gearra as Seapáinis. Ár n-intinn ina glóthach.

Iarrtar orm cúpla haiku a léamh ansin, as Gaoluinn agus as Seapáinis. Bia den gcéad scoth ar fáil ag leath ama – sea, is geall le cluiche leathcheannais haiku é seo ach nach bhfuilim in ann an scór a léamh. Bhí an slua thar a bheith foighneach go dtí an deireadh ach nuair a cuireadh clabhsúr ar chúrsaí cheapfá go raibh Murchadh na nDóiteán feicthe acu agus an fonn abhaile a bhí ar chách. Ban'ya Natsuishi ainm an té a d'eagraigh an ócáid agus de réir mar is féidir liom a dhéanamh amach, gach duine a labhair is á mholadh chun na spéartha a bhíodar. Tá na mílte clubanna haiku sa tSeapáin agus bíonn siad i ngleic lena chéile nó in adharca a chéile go minic. Go leor naimhde ag Ban'ya bocht, deirtear liom. File haiku is ea a bhean, leis. Ní neart go cur le chéile.

Traein faoi thalamh ar ais go dtí an t-óstáinín. Baracáidí ar an ardán nach n-osclaíonn go dtí go stopann an traein, ar eagla daoine ag tabhairt léim chaorach sa duibheagán. Rialacha an óstáin á léamh arís agam. Ní ligfear isteach thú má tá tú ar do chaid nó má tá galar tógálach éigin ort.

Deirtear leat cad is ceart a dhéanamh má bhíonn crith talún ann. Ach táim róbhéiteáilte chun a thuilleadh a léamh. Tá sé in am dul go dtí an mbinn bhán – buncleapacha.

Caife an mhaidin dár gcionn agus is é a bhí ag teastáil. Níl ár ndóthain Seapáinise againn chun tósta a ordú – má tá a leithéid acu. Bímis ag faire amach cad a ordóidh an cleas eile. Go dtí seo níl ordaithe ag aon duine ach caife. Cá bhfuil an leabhar nathanna cainte úsáideacha? Á, aimsím é: *kondomu*, sin coiscín. Ní hé sin atá uaim. (Plibín rubair an Ghráigis a chuala air sin sula raibh an t-earra féin coitianta). *Hanarero*, bailigh leat. Níl gá leis sin ach an oiread, go fóill ar aon nós. Samhlaím má chuirim a bhfuil ar an dá leathanach seo de ghlanmheabhair go mbeidh meadhrán orm ar ball. Leagfaidh bus mé agus in áit 'Glaoigh ar dhochtúir' a rá – *isha o yonde kudasai* – go ndéarfaidh mé, 'Coiscín le do thoil, gan siúcra' nó a leithéid sin. Ní dhéanfaidh sé sin cúis go deo.

100,000 bialann atá i dTóiceo, creid é nó ná creid agus an bhialann atá aimsithe againne, tá an chuma ar an scéal nach bhfuil acu ach caife. Sa deireadh, tosnaím ar chomharthaí láimhe agus ar fhuaimeanna aisteacha a dhéanamh: 'tósta', 'tóstú' *etc.* Húrá. Tuigeann sí. Ceart go leor, is tósta a fhaighimid – seachas bod míl mhóir nó a leithéid. B'fhearr dom gan greann a bhaint as a leithéid. Cuid d'fhoclóir an chiníochais is ea an bia. Nuair a chuala muintir na hIndia go rabhamar ag dul chun na Seapáine bhí alltacht orthu – itheann na Seapánaigh an *naga*, an nathair dhiaga!

Timpeall an chúinne uainn tá brainse d'Arm an tSlánaithe, an t-arm is fearr a tháinig riamh as an mBreatain. Cuma an rachmais orthu. Ní shamhlóinn bacach bóthair ag cnagadh ar an doras acu.

Cúram an rí . . . An té a bhíonn ina shuí, fuarfaidh a thóin. Ní seanfhocal é sin i dteanga ar bith – ní sa tSeapáinis ar aon nós – mar i dtigh an asail aimsím cnaipe a théifidh suíochán an leithris duit. Cé a smaoineodh air ach duine díomhaoin.

Braithimid saoirse éigin anseo, nó faoiseamh ba chirte dom a rá, i ndiaidh anord na hIndia. Cuimhneoidh mé go deo ar an tranglam tráchta in Rishikesh, mé teanntaithe istigh i dtacsaí trírothach; d'fhéachas amach agus cad dúirt tiománaí an ricseá in aice linn ach, 'An bhfuil tacsaí uait, *babu*?' A Chníops, nach bhfeiceann tú gur i dtacsaí atá mé!

Más peaca a bheith buí . . . Ní den lí chéanna iad muintir na Seapáine in aon chor, cuid acu crónbhuí, go leor eile acu agus iad chomh geal leis an lá.

Veain dubh i lár an tráchta agus gleo ard ag éalú as. Míle murdar, a bhuachaill. Cheapfá go raibh scata cearc á ndícheannú nó drochobair éigin ar siúl. Baineann na veaineanna dubha seo leis an *uyoku*, páirtithe agus eagraíochtaí na heite deise. Tugaim faoi ndeara nach bhfuil aon duine ag tabhairt mórán airde orthu.

Scaothaireacht gan dochar a chraobhscaoileann siad: 'Tugtar ómós don Impire! Bata is bóthar don mBarbarach!' Tá Banphrionsa na Seapáine ag súil le leanbh; sceitimíní ar an *uyoku* – ar gach aon duine, chun na fírinne a rá.

Chuamar amú níos mó ná uair amháin i stáisiún traenach Shinjuku trína ngluaiseann 4,000,000 duine sa lá, roinnt páistí scoile ina measc, páistí a fhreastalaíonn ar ranganna breise ar a trí a chlog ar maidin. Na créatúir.

Cupán caife againn. Duine os ár gcomhair amach agus a bhéal ar leathadh aige, ina chodladh go sámh. Dúisíonn sé de phreab. Seiceálann sé an bhfuil téacsteachtaireacht ar bith faighte aige le ceithre nóiméad anuas. Níl. Féachann sé ar a uaireadóir; am aige dreas codlata eile a dhéanamh.

Tugaim sracfhéachaint ar iris. Fógra suaithinseach ann. Grianghraf de lánúin óg Sheapánach agus iad ar bogshodar. Fear ard ag rith laistiar díobh, caipín *baseball* air, Meiriceánach, agus is é a deir an mana ná LEARN ENGLISH WHILE YOU RUN. Nach bhfuil sé in am ag Foras na Gaeilge smaoineamh ar chúpla seift den tsórt san? (Táim lándáiríre, a mhic-ó is a iníon-ó).

Fonn orainn an nuacht a chlos. Cuirim bonn 100 yen isteach sa teilifíseán ach tar éis mo chuid trioblóide níl ach stáisiúin Sheapánacha ar fáil, plobairí ag iomrascáil lena chéile . . .

Ní baol duit dul amú i dTóiceo más i dtacsaí atá tú. Ní gá don tiománaí ach a mhapa leictreonach a chur ar siúl agus beidh do cheann scríbe le feiscint air chomh maith leis an mbóthar is saoráidí chun tú a thabhairt ann.

An ghrian tríd an duilliúr . . .
an eol don éanlaith
gur i nGairdín an Impire a chanaid?

An sean agus an nua le feiscint i dTóiceo. Fear déanta cíor, cuir i gcás, an teaghlach ag gabháil den gceird chéanna le 15 glúin anuas. De bhoscadhmad iad na cíora seo. Ach an fada eile a leanfaidh an traidisiún sin? An tóir ar an Iartharachas millteach ar fad. Ar ndóigh, tá tóir áirithe ar an Oirthearachas sa Domhan Thiar, leis, ach ní dócha go mbuailfidh siad lena chéile go deo.

D'fhéadfá do shaol ar fad a chaitheamh i dtír ar bith thar lear agus fós ní thabharfá leat ach leath an scéil. Is treise dúchas ná oiliúint.

Cad a dhéanfaimid feasta . . . I nGairdíní Thoir an Impire, Tóiceo, áit a bhfuil sampla de gach speiceas crann a fhásann sa tSeapáin. Ní fheadar an bhfuil a leithéid againn in Éirinn? Ba dheas é dá mbeadh. Fanaimid tamall os comhair an Suwanochaya, an Pailliún Tae.

Lón. Braitheann Eithne gur ar ais ag múineadh i naíonra atá sí, tá na suíocháin chomh híseal sin. As sin go dtí an Músaem Haiku. Mé ar bís. Tugtar deis dom an haiku thuas a bhreacadh i leabhar na gcuairteoirí. Aithním go leor a shínigh romham é, ina measc file haiku Cheanada, George Swede,

Ion Codrescu ón Rómáin, J. W. Hackett ó na Stáit Aontaithe, Alain Kervern ón mBriotáin, ceathrar ar eagraíos ócáidí dóibh in Éirinn.

An *Mainichi Weekly* á léamh agam, agus foclóir Béarla-Seapáinis ag gabháil leis. Scéal an phríomhleathanaigh, páistí neamhurchóideacha na hAfganastáine. Agus ar leathanach 18, focail an amhráin *'Wild Child'* le hEnya. Léirmheas ar leathanach 20 ar an scannán *Nora*, agus rud nach bhfaca mé i bpáipéar nuachta ar bith, i dtír ar bith, sliocht as comhrá an scannáin:

James: *Nora? Nora! Oh, there you are, hiding. You'll never believe what happened to me.*

Nora: *I don't give a tinker's curse what happened to you.*

Aistriúchán Seapáinise taobh leis. Faighim amach níos déanaí nach raibh tagairt ar bith do mhallacht an tincéara san aistriúchán. Sin iad na rudaí.

I gcaitheamh mhí na Samhna, is iad na féilte is mó a cheiliúrtar ná *Tokyo-to Kiku Matsuri*, féile na gcriosantamam (1-23 Samhain). Ar an 3 Samhain ceiliúrtar *Bunka no Hi*, Lá an Chultúir. Searmanas

Tóiceo —

cómaitéirí

ar picil

paidreoireachta do bhuachaillí 3-5 bliana agus do chailíní 3-7, ag guí bhorradh an éin ghé orthu, is ea *Schichi-go-san*, ar an 15 Samhain. Féile náisiúnta is ea *Kinro Kansha no Hi*, ar an 23 Samhain, don lucht saothair. Agus i gcaitheamh na míosa ceiliúrtar chomh maith *Tori no Ichi*: ceannaíonn daoine rácaí bambú – ag súil go mbeidh siad in ann airgead agus ór a rácáil chucu féin. An bhfuil dóthain féilte traidisiúnta againn féin? B'fhiú tábla comparáide a dhéanamh idir sinn féin agus tíortha eile. Cad faoi lá náisiúnta tuíodóireachta a bheith againn – agus iarraidh ar Mhaggie Thatcher é a thionscnamh?

Paisinéir duairc ar an traein faoi thalamh agus masc frith-thruaillithe air, mar a bheadh máinlia ann agus é ar tí obráid chasta a dhéanamh air féin nóiméad ar bith anois. As ucht Dé, a dhuine, ná dein!

Dinnéar againn ar an 51ú hurlár d'fhoirgneamh spéire lenár seanchara, an tOllamh Ken'ichi Matsumura, duine a bhfuil an-chur amach aige ar litríocht na hÉireann, litríocht na Sean-Ghaeilge san áireamh.

Shleamhnaíomar go ciúin isteach i saol rúnda na Seapáine anocht nuair a thugamar cuairt ar theampall Zen, teampall atá tiomnaithe don gcat. Ina dhiaidh sin, béile i dtigh Fusako, sliogéisc, circeoil, muisiriúin *shitake* agus go leor eile i bpota i lár an bhoird, ar suanbhruith, mise agus an tOllamh Fukuda i mbun haiku.

Thugamar bronntanas dóibh agus d'osclaíodar iad, mar ghar dúinne. Ní osclaíonn Seapánach bronntanas os comhair an bhronntóra. Ar eagla go léireodh sé díomá, ab ea? Shéideas mo chaincín. Ní ceart é sin a dhéanamh ach chomh beag. Ní fheadair aon duine na rialacha a bhí á mbriseadh againn. (Cuimhním siar ar an uair a shéideas mo shrón i nDeilí agus an chéad rud eile bhí duine ag rith i mo dhiaidh ag iarraidh dosaen ciarsúr a dhíol liom).

Ar Oileán Sádó a rugadh an tOllamh Fukuda, oileán a bhfuil cáil air mar gheall ar haiku a scríobh Basho ann faoi Bhealach na Bó Finne (ainm an ghrúpa *renku* atá faoi stiúir aige). Scríobhas an haiku seo a leanas dó:

Faoi Bhealach na Bó Finne
— Éire agus Sádó
an-ghar dá chéile

Chan an tOllamh amhrán óna oileán dúchais agus scríobhas haiku eile dhó, ag freagairt do théama an amhráin: (thall)

Ní trí eolas a roinnt ar a chéile ná trí thrádáil a dhéanamh lena chéile a chothaítear muintearas, ach trí theacht ar chomhthuiscint den diminsean mothúchánach.

Chím alt san iris Sheapánach *The Harp 2000*, alt ómóis faoi Shean G. Ronan a bhí tamall ina Ambasadóir chun na Seapáine. Bhí aithne mhaith agam air. Chabhraigh sé go mór linn nuair a thugas J. W. Hackett, príomhfhile haiku Mheiriceá, chun na hÉireann. Is cuimhin liom Hackett ag fiafraí den Rónánach an mbíodh sé féin ag scríobh haiku. *'Now and Zen,'* an freagra a fuair sé.

Uaigneas mór na ndéithe . . . Comhrá agam leis an Ollamh Masazumi Toraiwa. Féachann sé cosúil le seanmháistir as an tsraith theilifíse úd, *Kung Fu*. Labhraíonn sé faoi na ceithre dúile, an chré, an t-uisce, an tine, an t-aer – agus an cúigiú dúil, an gaol eatarthu go léir. Luaimse nithe leis ar chreid muintir na hÉireann iontu go dtí le déanaí, mar shampla, 'Seachain!' a rá leis na daoine maithe agus uisce na gcos á chaitheamh amach ar an tsráid. Croitheann sé a cheann go smaointeach. Tagann tocht air: *'Kawa no kamisama doitokure!'* ar sé go séimh. Is nath é sin a bhí aige agus é ina gharsún: má bhí sé chun a mhúinín a dhéanamh san abhainn ba ghá foláireamh a thabhairt roimh ré. 'A dhéithe na habhann, imigí, le bhur dtoil – nó fliuchfar sibh!' an bhrí atá leis. Cheapfá go rabhadar fliuch a ndóthain cheana féin. Osclaímid buidéal Jameson agus ólaimid sláinte na seandéithe. Táid i mbaol, an dtuigeann tú. Is maith leo a fháil amach nach dearúdta ar fad atá siad.

Cré na beatha . . . Kyoto . . . cuairt ar theampall, sinne agus na mílte eile. Manach Zen agus meangadh gáire air. Féachann sé orm, catsúil fhaghartha, súile an tíogair úd a chonaic Blake. As sin síos na sráideanna caola linn go dtí taispeántas cré-earraí le Mituyuki Kawase a rugadh anseo sa bhliain 1933. Na bróga a bhaint i dtosach, gan dabht. Cré-earraí glónraithe á ngrinndearcadh againn agus sinn suite ar an urlár. Coiníní bána ag preabarnach sna plátaí aige, dhá chráifisc i mias, éin faoi

Frithchaitheamh na sléibhte sa loch
ar Oileán Sádó
agus sna súile seo againne

shneachta. Óna athair a d'fhoghlaim Kawase a cheird. Ní lámhcheardaíocht í seo mar a thuigimidne í ach sárealaín. An praghas dá réir, faraor; ní hacmhainn linn oiread is ubhchupán a cheannach.

An t-iomlán sa bheagán . . . In Kyoto dúinn, ghlac ár gcara Masazumi, an t-ollamh scaipthe, ghlac sé tuairim is ceithre scór grianghraf sa lá lena cheamara digiteach agus thaispeáin sé dúinn ansin iad ar scáileán an ríomhaire ghlúine aige. Teampaill . . . crainn . . . gairdíní, clocha. Conas a bhfuil an oiread sin spéise agaibh i gcarraigeacha agus i gclocha, a fhiafraím de. Níl sé féin róchinnte. Clocha aonair i ngairdín, ar sé, is geall le hoileáin san aigéan iad. Nó, chun é a rá ar bhealach eile, is ancairí iad a ligeann don aigne suncáil agus domhainmhachnamh socair a dhéanamh. Muintir an Iarthair, is maith leo pictiúr iomlán a bheith acu i bhfráma. Ach na Seapánaigh, glacann siad grianghraif de chrainn agus ní gá go mbeadh an crann ar fad ann; bainid aoibhneas as an duilliúr, dathanna á dtréigean, glas, buí, dearg, órga. Géaga ag trasnú ar a chéile, patrúin gheoiméadracha, mar a bheadh líníochtaí de chuid Paul Klee, scrábáil pháiste, dlúithe an duilliúir agus ansan, ar an imeall, duilleoigín léi féin, scoite amach ar ghéag lom, éan cuideáin . . . torthúlacht, éagsúlacht agus neamhbhuaine an tsaoil, ciorcal na beatha, na ceithre ráithe . . . ga gréine, scáth . . . agus na clocha is na carraigeacha arís, a ndath, a n-uigeacht, a gcruth. Cad is carraig ann? Cad is cloch ann? Scríobhas dáinín fadó faoin bhfadhb sin:

Bhí cloch ann uair amháin
Tháinig cuileoigín
Ní cloch a bhí ann a thuilleadh
Ach cloch faoi chuileoigín
Ní cuileoigín a bhí ann a thuilleadh
Ach cuileoigín ar chloch.
D'imigh an chuileoigín
D'fhan an chloch

Iarracht ab ea é sin, ag an am, teacht ar aigne Zen – tabhair póg do chos an ghiorria! Ní hionadh in aon chor gur sa tSeapáin a bhláthaigh an Zen-Bhúdachas. Baineann clocha le Zen. Baineann clocha le Sinteochas chomh maith, an creideamh sinseartha, adhradh na sean, adhradh an dúlra. Is anseo, in Kyoto, (príomhchathair na Seapáine ó 794 go 1192 AD), a socraíodh ar an domhan a chaomhnú, an prótacal ná síneodh na Meiriceánaigh. Abraimis os ard é. An prótacal ná síneodh na Meiriceánaigh. Arís! An prótacal ná síneodh na Meiriceánaigh.

Caithfear réabadh an domhain a chosc. Ar mhaithe leis an dream a chuaigh romhainn, ar mhaithe leis na glúine a thiocfaidh, na síolta nár phéac go fóill, na crainn nár cuireadh – ar mhaithe leo go léir – ar mhaithe leis an mbeatha agus le hilchineálacht na beatha, ar mhaithe le bheith cineálta, leis an saol agus linn féin. *'More kindness, dear Lord, of the enduring green . . .'* mar a ghuigh an file.

Táimid chun aghaidh a thabhairt inniu ar Hiroshima chun cumas scriosta an duine a mheabhrú dúinn féin. Mheabhraigh Eoghan Ó Tuairisc dúinn é, mheabhraigh Deasún Fennell dúinn é: caithfear an focal 'Hiroshima' a rá arís is arís eile.

Tá Kyoto timpeallaithe ag cnoic, mar sin bíonn an ghrian ábhairín mall ag éirí agus tugann sí an leaba aoibhinn uirthi féin go luath.

Scadán deataithe agus *soba* (niúdail) chun lóin. Toisc é a bheith tamall maith ón bhfarraige – agus toisc an chathair a bheith faoi léigear go minic ag a naimhde – b'éigean dóibh bia mara a leasú. Ní hionadh cáil dhomhanda a bheith ar phicil na háite. Ní goirt ach milis a bhí an t-iasc, é ar snámh sa bhabhla súip. D'itheamar idir iasc is niúdail is d'ólamar an lacht, an babhla á ardú againn seachas spúnóg a úsáid. An freastalaí ag umhlú dúinn agus sinn ag imeacht, mar a rinne leis na céadta bliain – le breis is míle bliain, le bheith cruinn ceart ina thaobh.

Malartaítear cártaí gnó an t-am ar fad sa tSeapáin. Má thugann duine a chárta duit is ceart glacadh leis le do dhá lámh, le teann ómóis – agus umhlú beag a dhéanamh, ar ndóigh.

Cad é an míniú is fearr a thabharfá ar Zen, an creideamh a bhfuil a rian chomh láidir sin ar gach gné de shaol is de chultúr na Seapáine? Ná smaoinigh air mar chreideamh, sa chéad áit. Ná smaoinigh in aon chor! *Zazen* is ea suí, gan smaoineamh. Suigh mar a shuigh an Búda, ní ar néalta neamhshaolta ach ar thalamh an domhain bhraonaigh seo. Tú féin a thalmhú is ea é, tú féin a fhréamhú. Bí id chrann, mar a dúirt an Direánach. (Bhainfeadh an Seapánach brí speisialta as sin). Ná bí i do chrann righin, áfach, ná bí dúr. Bí solúbtha. Umhlaigh.

Ar an traein go Hiroshima dúinn tháinig cigire na dticéad. Sheas sé go díreach sa charráiste. Labhair sé, á chur féin in aithne, agus d'umhlaigh sé dúinn sular chrom sé ar na ticéid a sheiceáil. Deasghnáth beag agus ba dheas é. Cá bhfios nuair a shuífidh sé arís ná go mbeidh dreas beag *zazen* aige dó féin.

Is dóigh le lucht Zen má chleachtann tú *zazen* ar mhaithe leat féin nach bhfuil i ndán duit ach Ifreann. Cothaíonn *zazen* comhbhá agus tuiscint don bhfulaingt, don duine eile – agus níl a fhios ag aon duine cá luíonn an bhróg ar an duine eile.

Mé ag smaoineamh ar an traein go Hiroshima ar aduaine an chultúir seo, cuid de na daoine cairdiúil go leor, cuid eile acu agus b'fhearr leo gan strainséir a bheith ina measc. D'fhiafraigh m'ollaimhín scaipthe, Masazumi, díom cén cur amach atá ag Éireannaigh ar an tSeapáin. Dúrtsa leis gur claoníomhá a fuaireamar inár ngasúir scoile dúinn ó bheith ag léamh na ngreannán Sasanach. (B'fhiú do dhuine éigin staidéar a dhéanamh ar an éifeacht a bhí ag bolscaireacht Shasana orainn go léir, idir ghreannáin agus scannáin). Cruálacht na Seapánach an rud is mó a d'adhain spéis na ndaltaí scoile agus mise ag éirí aníos, a dúrtsa leis, go háirithe na pionóis a chuirtí ar phríosúnaigh chogaidh. Rinne mé scéal grinn, mar dhea, a aithris dó. Príosúnach bocht ceangailte de stáca, ceangal na gcúig gcaol air. Sreang leictreach díreach os a chomhair. É lomnocht. Tagann cailín rince amach, spéirbhean, agus déanann damhsa meallacach os a chomhair. Tagann éirí ar an bpríosúnach bocht; troideann sé go cróga in aghaidh a mhianta ach sa deireadh teagmhaíonn a shlat leis an tsreang leictreach . . . agus sin sin. Maíonn a ghean gáire brónach ar m'ollaimhín agus ligeann osna. Déagóir ab ea é féin le linn an Chogaidh agus fágaimid mar sin é, mar scéal gan chríoch, gan tús.

Tá a ghnó déanta anois ag an gcigire ticéad. Seasann sé ag doras an charráiste – ar chéimeanna Neimhe nó ag geataí Ifrinn, ba dhóigh leat. Féachann sé orainn. Umhlaíonn agus imíonn. Samhlaigh an céapar sin ar fad ar an traein go Cathair na Mart. Déarfaí leis an bhfear bocht éirí amach i mBéal Átha na Sluaighe!

Le linn *zazen*, foghlaimítear conas ligint don análú dul i léig, síothlú a dhéanamh ar stoirm na hintinne, ionas gur féidir gearradh trí néal an tseachmaill. Is é atá sa néal sin ná truailliú aigne. Féachtar ar gach smaoineamh, olc, maith, nó dona, mar thruailliú. I bhfocail eile, tá lear mór íomhánna agus eile san fho-chomhfhios – cuimhní agus aislingí – agus iad ag iarraidh iad féin a chur in iúl. Is é a gceart é, dar leo, iad féin a nochtadh dúinn. Ach is taibhrimh gan dealramh iad go leor acu, ualach nach gá dúinn a iompar. Bruscar. Sifil seaifil. Is é is *zazen* ann, mar sin, ná caitheamh amach an bhruscair sin. Raidht, amach leis! Agus cad tá fágtha? Ár bhfíornádúr féin, más mian leat.

Ná smaoinigh ar aon rud. B'in an chomhairle, an rabhadh, a thug an máistir Dogen. Bain triail as. Ná smaoinigh ar bhanana. Dún do shúile.

Ar éirigh leat gan smaoineamh ar bhanana? Ní deacair atá sé ach dodhéanta gan córas éigin rinnfheithimh a chleachtadh. Na híomhánna sin go léir a neadaíonn go preabarnach san fho-chomhfhios, táid ar nós chúr na habhann agus imeoidh leá orthu má éiríonn linn gan fócasú orthu.

Meafar éifeachtach a úsáideann an Zen-Bhúdachas is ea, 'Má chastar an Búda ort ar an mbóthar, maraigh é!' Is é sin le rá, ná bíodh aon bhagáiste á iompar agat, an Búdachas san áireamh.

Ní gá don Zen-Bhúdaíoch faoistin a dhéanamh. Má tá peacaí éigin déanta aige, níl sna peacaí sin ach ceo seaca a scaipfidh láithreach faoi ghrian gheal *zazen*. I bhfocail eile, níl slánú, ná grásta, ná maithiúnas le fáil ón taobh amuigh. Cleacht an *zazen* agus chífidh tú do chló ceart neamhthruaillithe.

Nuair a chím an dealbh leáite den mBúda ón teampall Zeno i Músaem Cuimhneacháin Hiroshima, meabhraítear dom a thábhachtaí is atá sé – agus buamaí ag titim ar an Afganastáin – soiscéal na síochána a athnuachan agus a scaipeadh, le briathar, le smaoineamh agus le gníomh. Tabhair cuairt ar Hiroshima agus ní bheidh aon amhras ort ná gur tromdhualgas sollúnta ar gach mac máthar is iníon athar againn an tsíocháin a fhorbairt i ngach slí go deo is choíche. Níor mhaith liom dul ann i m'aonar. Róscanrúil. Bhí an t-ádh linne go raibh Gaoluinn Chorca Dhuibhne ag an treoraí a bhí againn.

'An Buachaillín' an leasainm a thug na Meiriceánaigh ar an mbuama adamhach a thit ar Hiroshima ar 8.15 ar maidin, 6 Lúnasa, 1945. Maraíodh 140,000 duine. Tabhair cuairt inniu ar an suíomh: www.pcf.city.hiroshima.jp

Nach bhfuil sé in am ag na Stáit Aontaithe leithscéal oifigiúil a ghabháil le muintir Hiroshima?

Táimid ar ár slí ar ais go Kyoto, 'cridhe lán de smuaintibh'. Cailín an tralaí féin ar an traein, sula bhfágann sí an carráiste casann sí ar a sáil agus umhlaíonn do na paisinéirí.

Fógra ar an suíochán traenach: 'Athraigh do ghuthán anois go dtí an modh tonnchreatha . . . ' Mmm.

Buailim leis na Clocha Sneachta. Ní popghrúpa atá ann ach grúpa haiku faoi stiúir an tSasanaigh Stephen Gill. Seisiún fada againn, 20 haiku nuachumtha á scrúdú agus á meas againn. Saghas comórtais, ar shlí. *Muggins* anso sa dara háit. Ag fágáil an tí dom, cuirim bróga duine eile orm. Fíormháistir haiku, bheadh tabhairt faoi deara níos grinne ann!

Teampall Ryoanji, Kyoto. Na cláir urláir *uguisi* (filiméala) a dhéanann gíoscán mar a bheadh giolc éin ann. Bhíodh na manaigh in adharca a chéile sa mheánaois agus sceithfeadh na cláir chéadrais ort dá mbeifeá chun téaltú isteach anseo agus feall a dhéanamh ar mhanach éigin.

Gairdín na gCloch agus na céadta tagtha chun breathnú air, mise ina measc, a rugadh agus a tógadh i Machaire Méith na Mumhan – ní bhaineann loime fhuar na gcloch le mo dhúchas. Ní hionadh go bhfuil Seapánaigh tógtha le hÁrainn – 'mórchuid cloch is gannchuid cré'. Cúig cinn déag de chlocha atá i nGairdín Zen Ryoanji, iad suite ar ghairbhéal bán. Is de chré iad na fallaí ísle, cré a fiuchadh in ola. Úscadh na hola i

Sliabh Fúji –
cnoc oighir
ar snámh i measc na scamall

gcaitheamh an ama a chruthaigh an patrún orthu. Cé a smaoineodh air!

Tá gearrscéal ag Dara Ó Conaola ina labhraíonn cloch. Feicim anois go bhfuil acadúlaithe áirithe sa tSeapáin ag iarraidh ceangal a dhéanamh idir anamachas in Éirinn agus anamachas sa tSeapáin (*Celt to Nippon*). Feictear dom go bhfuil ábhar staidéir ansin, cinnte. Dáiríre, focal is ea 'anamachas' nach luaitear sách minic agus plé á dhéanamh ar an gcultúr Gaelach.

Agus a bhfuil de thionchar ag lucht faisin, lucht popcheoil agus lucht scannánaíochta an Iarthair ar mhuintir na Seapáine, an chéad chéim eile (tar éis dóibh dath na gruaige a athrú) ná géinionramháil ar mhaithe le súile na bhfear geal a bheith acu. Leis an smaoineamh duairc sin, tugaimid aghaidh ar an Astráil. Deirtear go bhfuil fógra ann chun fáilte a chur romhainn: EAT MORE BEEF YOU BASTARDS.

Tá sé tamall ó léas nuachtán. Scéal ag Alice Feiring san *International Herald Tribune*. Imeachtaí 11 Meán Fómhair tar éis dochar a dhéanamh do ghnó an tseaimpéin. Ag bainiseacha amháin a óltar anois é, i Meiriceá atá sí a rá. Nach beag atá ag déanamh tinnis di, an créatúr.

Smaoineamh an lae

Níl muinín ag éinne sa tír seo inniu as an mbliain 2200, is é sin go hoifigiúil. Má léann tú na heagarfhocail, feicfidh tú gur dóigh leo go léir go mbeidh an Tríú Cogadh Domhanda againn faoin am sin, agus an domhan go léir ar bharr lasrach. Is ait an rud é. Tráth den saol, ba iad na Críostaithe amháin a chreid go mbeadh deireadh an domhain ann, ach inniu is iad na Críostaithe an t-aon dream a cheapann go bhfuil todhchaí ag an domhan, agus creideann na hagnóisithe go léir go mbeidh deireadh leis, agus na haindiachaithe go léir is dóigh leo nach bhfuil aon éalú ó fhéinscrios an chine dhaonna.

Eugen Rosenstock-Huessy

In Randwick atáimid anois, i bhfobhailte thoir Sydney, i bhfoisceacht gnúsacht changarú do thrá Coogie, trá nach mbíonn chomh plódaithe le Bondi.

Thuairimíos dom féin ar dtús gurb é a bhí san fhocal Coogie ná Éireannach éigin ag meabhrú Chúigí na hÉireann dó féin. Fantaisíocht. Focal Bundúchasach é – agus tá na Bundúchasaigh anseo le breis is 50,000 bliain. Níl Éireannaigh in Éirinn ach le 7,000 bliain nó mar sin. Focal is ea Coogie a chiallaíonn 'áit bhréan'. Nach bhfuil áit againn féin ar a dtugtar Bréantrá. Ná fiafraigh díom cá bhfuil sé. Fan! Tá's agam anois é: Unionhall a thugtar air sa Bhéarla agus is i gCo. Chorcaí atá sé. Boladh feamainne a d'fhág bréan é. Áit bhréan is brí le Chicago, leis, ach gur ar an scúnc a bhí an locht. Bhuel, ní fheicim rian de Bhundúchasach ar bith thart ar Randwick, is baolach. Níl Botany Bay i bhfad ó Sydney agus is ann a tháinig an Captaen Cook i dtír, i mí Aibreáin 1770. Nach deas mar a scríobh sé faoi mhuintir na háite:

They may appear to some to be the most wretched people upon the earth: but in reality they are far more happier than we Europeans; being wholly unacquainted not only with the superfluous but the necessary Conveniences so much sought after in Europe, they are happy in not knowing the use of them. They live in a Tranquillity which is not disturbed by the Inequality of Condition: The Earth and Sea of their own accord furnishes them with all things necessary for life; they covet not Magnificent Houses, Household stuff etc.; they live in a warm and fine Climate and enjoy a very wholesome Air: so that they have very little need of Clothing and this they seem to be fully sensible of for many to whome we gave Cloth etc. left it carelessly upon the Sea beach and in the woods as a thing they had no manner of use for. In short they seem'd to set no value upon anything we gave them nor would they ever part with any thing of their own for any one article we could offer them . . .

(A Short History of Australia)

Béile againn sa Barzura, bialann a fhéachann amach ar na farraigí sin a d'iompair príosúnaigh agus coilínigh go dtí New South Wales, na Connerys ina measc. Ordaímid beirt an *gemfish*, seoid gheal d'iasc bácáilte nár chuala trácht riamh air. Cangarú, leis, ar an mbiachlár ach nach bhfuil sé sin ar fáil san Outback i nDeilginis!

Caithfidh mé a rá go bhfuil spéis nach beag agam i logainmneacha na hAstráile. Inverell – Gael éigin a bhaist agus é ag rith as ainmneacha: Inbhear Eile! Ní hea, ach Inbhear Eala nó Inbhear Ealaí is brí leis. Ní fheadar anois an eala bhán nó eala dhubh a bhí ann ach nach uasal an t-ainm é. Má rinne na Gaill claochlú damanta ar ainmneacha dúchais na hÉireann, féach go ndearna Gaeil Éireann agus Alban an sárú céanna san Astráil mar sular tugadh Inverell ar an áit bhí an t-ainm Giree Giree air: 'abhainn na mbruach ard'. Fear darbh ainm an tUrramach Seán Flynn a thaifead an t-ainm fada seo a leanas: Warrawarrapiraliliullamalulacoupalunmya!

An bastard, ní dúirt sé cad ba bhrí leis. Chuaigh go leor de na teangacha is de na canúintí Bundúchasacha i léig – nó díothaíodh na treibheanna – sula raibh deis ag daoine (nó fonn orthu) na logainmneacha go léir a bhailiú. Meastar go gciallaíonn an t-ainm Amaroo 'abar rua'. Ainmníodh Ardlethan as áit in Albain, Ard Leathan. Tá áit ar a dtugtar Ballan (Ballán) agus Éireannach darbh ainm Robert von Steiglitz (!) a bhaist in ómós dá áit dhúchais. Tá scéal ansin don té a rachadh ag tochailt ach bheifeá ag taighde go lá Philib an Chleite, tá scéal na logainmneacha chomh bearnach sin. Thosnófá ag iarraidh ceangal a shamhlú idir an bhunbhrí Bhundúchasach agus siollaí i dteangacha eile, an Ghaoluinn san áireamh, agus *'therein lies madness'* mar a dúirt an té a dúirt. Barrawatha, abair. An gciallaíonn sé sin 'barr an bhata', tagairt éigin do bhúmaraing gharbh? B'fhéidir é, ach deir na saineolaithe gurb é is brí leis ná 'bodhar agus balbh'. Tá go maith, ach cad faoin gceann so, Beal Ba. Ní fheadar an 'béal báite' a bheadh ansin? Sea, i ndomhnach! Sin é is ciall leis, ceart go leor. Tá dul chun cinn á dhéanamh againn. Ainm áite a chiallaíonn 'deatach' is ea Boort ach déanaimse amach gur chaith Gael éigin tamall anseo agus buairt air toisc nach raibh gal aige. Agus an té nach bhfuil tobac aige cacadh sé ina phíopa.

Neach ar an trá
gona bhrathadóir miotail —
gan aird ag na faoileáin air

Cuimhním i gcónaí ar bhean Mhumbai a dúirt go raibh dia gach áit. Bhí an ceart aici. Fógra mór anseo in Randwick a deir DIA (Drycleaning Institute of Australia). Scrúdaíonn bean na hinstitiúide seo an blús a thug Eithne léi ón India.

'Ó,' ar sí, 'is de shliogán iad na cnaipí ann. Caithfear iad a chlúdach le scragall, nó brisfear iad.'

Táid anso as ceithre hairde na cruinne agus is greann ileitneach atá i réim dá réir sin: Meiriceánach, Rúiseach agus Iosraelach i mbialann nuair a thagann an freastalaí agus drochscéala aige. Ar sé, 'Gabh mo leithscéal, ach tá ganntanas feola orainn.' Arsa an Meiriceánach, 'Cad is *ganntanas* ann?' Arsa an Rúiseach, 'Cad is *feoil* ann?' Agus arsa an tIosraelach, 'Cad is brí le *gabh mo leithscéal?*' Tréith eile a bhaineann le greann na hAstráile ná a ghairbhe. Rinne custaiméir gearán nuair a chonaic sé ordóg an fhreastalaí sáite sa bhabhla anraith. Tharla an rud céanna arís nuair a dáileadh an uaineoil air. Bhí deireadh na foighne sroichte aige nuair a thug sé faoi deara ordóg mo bhuachalla agus í sáite sa phióg úll aige.

'In ainm Chroim,' ar sé, 'bhí d'ordóg sáite agat sna trí cúrsaí a thugais dom'. Dhearg an freastalaí go bun na gcluas.

'Gabh agam,' ar sé, 'tá airtríteas ar m'ordóg agus mhol an dochtúir dom í a choimeád te teolaí, an dtuigeann tú.' Spriúch an fear eile.

'Neosfadsa duit cad is ceart duit a dhéanamh le d'ordóg, a dhuine – í a shá suas poll do thóna!'

'Ó,' a deir an freastalaí, 'deinim é sin sa chistin!'

Chaithfeá cuimhneamh ar na taiscéalaithe a tháinig anseo an chéad lá – agus ar na hÉireannaigh agus ar na Sasanaigh a díbríodh thar loch amach ina dtáinte – an t-iontas a bhí orthu nuair a chonaiceadar éagsúlacht na beatha ann, cé nárbh í an áilleacht an gad ba ghiorra dá scornach. Chaithfeá cuimhneamh, leis, ar an streachail a bhí rompu, ar an gcréatúr bocht a d'fhág an logainm ina dhiaidh, Nowhere Else, mar fhreagra ar an gceist, 'Cá dtabharfadh an bóthar so mé?' An dream nach raibh meas madra acu ar na logainmneacha dúchais, Eucla, cuir i gcás, a

Coogie: na tonnta lágarbhána –
tonnadóir
ar chlár buí

chiallaíonn 'laom geal' mar go n-éiríonn Véineas go glé os cionn na ndumhcha sin ina bhfuil teacht ar fhionnuisce.

Sa Randwick Lodge, cuirimid an Nuacht ar siúl. Gabhann an Pápa leithscéal le Bundúchasaigh na hAstráile. Ní luann sé, áfach, an caitheamh aimsire a thaitin leis an gcine geal: Bundúchasach a chur go muineál sa ghaineamh agus ansin a chloigeann a úsáid mar chaid chun ciceanna rugbaí a chleachtadh.

Fógra in Bondi Beach: *Fruitologist*. Saghas síceolaí, ab ea? Ní hea ach fear díolta torthaí. Tá an lá go haoibhinn agus socraímid ar dhul go dtí na rásaí in Randwick. Cacann capall sa chró paráide.

'Sin é a bhuafaidh!' arsa Eithne. Agus bhuaigh, leis. Ní bhainim puinn taitnimh as an ráschúrsa seo. Rud éigin frithsheipteach, cliniciúil, meicniúil ag baint leis. Ní hiad rásaí Randwick amháin atá ar siúl ach scata rásaí ó ionaid eile ar fud na hAstráile agus iad á gcraoladh ar scáileán mór. Tá an iomarca ag tarlú. Aithním corrstail cháiliúil ar an gcárta ar nós Royal Academy agus Danehill ach ní leor sin in aon chor chun an rás a mheá – tá modh Eithne níos éifeachtaí, an capall a chacfaidh a bhuafaidh. Níl atmaisféar ceart na rásaíochta anseo mar a thuigimse é. Fear bailithe bruscair ar an ardán. Ord agus eagar. Níl an gealtachas ceart ag baint leis an ócáid. Mo mhairg! Céad dollar Astrálach caillte faoin am a dtosnaíonn an ceathrú rás. Tá sé in am bailiú linn as Royal Randwick agus ciall a bheith againn. Ní tharlóidh aon mhíorúilt inniu. Cuimhním siar ar na seanlaethanta, ar ráschúrsaí in Éirinn, Durlas, abair. Ghéillinn do mhíorúiltí an uair úd. Ach, ar ndóigh, bhí na rásaí difriúil ar fad an uair úd, i ngach slí: iad níos gairbhe, an slua níos glóraí agus níos ilchineálaí, na geallghlacadóirí níos cíocraí. An chéad mhoncaí dá bhfacasa riamh – agus ní béarlagair an chearrbhachais atá á rá agam (£500), ach moncaí beo – ní sa zú a bhí sé ach ar ghualainn an gheallghlacadóra Terry Rogers. Ba í Éire chniogtha, Éire bhocht an bháid bháin i gcónaí í agus b'in an chúis, ní foláir, go raibh an cearrbhachas chomh fiáin sin, an deoir fuisce chomh laomtha sin. Bhí fógra *Minimum Bet £5* in airde ag na geallghlacadóirí ba ghustalaí orthu agus an chuid ba bhoichte samhlaíodh

Éan maidine, Coogie —
a ghlór ná a chleití
ní aithním

dom go nglacfaidís le turnapa uait ar rogha na coitiantachta. Bead im fhear críochnaithe nuair a bheidh ar mo chumas £5 a leagan ar chapall, arsa mise liom féin, ach idir an dá linn, conas an leas is fearr a bhaint as mo leathchoróin gheal? Capall darbh ainm Ark's Fancy pioctha amach agam. Mo dhearṫháireacha ag magadh fúm.

'Ní capall é sin agat chuige ach miúil. Cuirfidh mé geall go mbeidh 25/1 ar fáil air! Agus féach cé atá á thraenáil! Feirmeoir! Ní traenálaí ceart é sin in aon chor, a mhic ó! Agus maidir leis an bhfear atá ar bord, go sábhála Dia sinn, tá sé in ann fanacht sa diallait, tá sé chomh trom sin, ach ní leomhfainn níos mó a rá ina thaobh!'

Bhailíos liom ar mo chonlán féin, mo chomhairle féin á leanúint agam. Is cuimhin liom stalla a bheith romham. Seacláid, piorraí agus oráistí ar díol, ach ní scarfainn le mo leathchoróin – agus an capall breá a bhí greanta uirthi – mé á cuimilt gach re seal le deimhniú nach ag piocaire póca a bhí sí. Mar bhíodar ann an uair úd agus beidh siad linn go brách, is dócha.

Ní fhéadfainn an leabhar a thabhairt air gur i nDurlas a bhíomar an tráthnóna úd. (Bhí sé scamallach, an dtuigeann tú, agus bhí an braon i mbéal na gaoithe). Arbh é Mala é ar a dtugtar anois Corcaigh, nó Gabhal Luimnigh ar a dtugtar inniu Tiobraid Árann? Ní fhéadfainn a bheith deimhneach de. Bhí sé plódaithe, ar aon chuma. Catsúil dá dtugas thar mo ghualainn chonac fear ard rua, duine den *gentry*, do mo leanúint. Ní piocaire póca thú, pé thú féin. Duine den gciorcal rásaíochta ab ea é, hata air, ticéid seastáin ón iliomad ráschúrsaí crochta dá dhéshúiligh, cóta mór air. Rachmasaí. Nó rud níos measa ná sin. D'éalaíos liom tríd an bplód. Bhí sé fós do mo leanúint, ag teacht go fáilí orm nuair a mheasas mé bheith saor.

Ní raibh an focal péideafileach i mbéal an phobail an tráth úd ach im chroí istigh bhraitheas go raibh drochfhuadar faoi. Cad d'fhéadfadh sé a dhéanamh i lár an lae ghléigil? Ní chuimhníonn tú ar nithe mar sin agus tú i gcuilithe. D'aithníos cóta chraiceann liopaird mo mháthar agus thugas léim as mo chraiceann féin ina treo.

'A Mham,' a deirimse léi, greim agam ar ruball an liopaird. D'fhéachas siar arís. Chonac mo dhuine ag glanadh leis. D'fhéachas suas. Níorbh í mo mháthair in aon chor í ach bean a raibh a haghaidh smeartha le púdar pinc aici.

'Cad tá uait?' ar sí go grod. B'éigean dom cuimhneamh ar rud éigin le rá.

'Cé a bhuafaidh an tríú rás?' ar mé.

Blianta fada ina dhiaidh sin chonac clár faisnéise ar an teilifís, clár a bhain le hArkle an mhórchlú. Dubh is bán a bhí codanna dhó. Agus bhí radharc ina lár a thaispeáin slua Éireannach agus Arkle á ghríosú acu nuair a bhuaigh sé Corn Óir Cheltenham sa bhliain 1965. Agus ó, an phreab a baineadh asam! Cé a d'fheicfinn ach mo dhuine. An fear a bhí do mo leanúint na blianta fada sin ó shin. Bheadh sé ag tarraingt ar 120 bliain d'aois anois agus ní chuirfidh mé isteach ar an ainniseoir.

Torthaí á bhfógairt. Ba ghile liom é ná na ceolta sí. *'Winner all right, Winner all right. Tote, Win: One pound, ten shillings and sixpence. Place: . . . '* Is gearr anois go mbeidh na capaill ar paráid don gcéad rás eile, léimrás trí mhíle.

Raghaidh mé síos chun an chéad amharc a fháil orthu sula dteannfaidh na slatairí arda go crua ar an áit, ina leathchiorcal brúite, a chárta ina ghlac ag gach duine acu, súil á caitheamh ar an gcárta, súil á caitheamh ar an gcapall is é á threorú thart ag an ngiolla stábla, na húinéirí is na traenálaithe á ligint isteach de réir a chéile ag fear an chóta bháin, is iad gróigthe le chéile i lár an chró pharáide, a gcultacha Domhnaigh ar an gcuid is mó acu, guthanna galánta, guthanna bréag-ghalánta is guthanna na tuaithe in aon tséis aisteach amháin, is dá gcacfadh capall ní chuirfeadh sé isteach ar aon duine den ngealchomhluadar mar ba lucht seilge iad, agus duine laistiar díot á rá, *'He's sweatin' up a bit . . . '*, droch-chomhartha de ghnáth, capall nó dhó agus bindealán ar na cosa tosaigh, timpeall is timpeall leo, agus ansan na marcaigh, na marcaigh gharbha shíodúla, duine i ndiaidh a chéile, a ndathanna féin acu go léir, an gorm, an dubh, an buí, umhlú beag do bhean chéile an úinéara, nó iníon an traenálaí, b'fhéidir, agus iad ag dul siar arís, os íseal, eatarthu féin, ar oirbheartaíocht an rása, cé ba dhóichí a rachadh chun tosaigh sa rás, cé ba dhóichí a d'fhanfadh siar, cé a bhuafadh an rás mura mbuafadh a gcapall féin é, buatais ag tástáil na talún féachaint cé chomh bog is a bhí sí inniu, an clog á chlingeadh, an marcach ag breith ar shrian an chapaill, cos leis sa stíoróip, cúnamh á fháil aige ón traenálaí agus é ag dul sa diallait, nach maorga anois é, nach máistriúil, timpeall leo uair amháin eile agus an fógra: *'The horses are leaving the parade ring . . .'*

Bhí an ceart ag mo dhearthaireacha. 25/1 a bhí ar fáil ar Ark's Fancy agus níos fearr ná sin in áiteanna. D'fhéach sé ainnis go leor sa chró paráide, ceann faoi air, mheasfá, gan spéis aige ina thimpeallacht, ach ní athróinnse m'aigne anois. Scuainí fada os comhair fhuinneoga an Tote. Tagann mo sheans sa deireadh.

'Win No. 11, please . . .' Mo thicéad i mo ghlac agam sa deireadh. Buailim le mo dhearthaireacha ar an ardán féachana. Sciobann duine acu an ticéad as mo lámh. *'Win No. 11!'* ar sé agus pléascann sé amach ag gáirí.

'The white flag has been raised . . . They're off!' Trí mhíle rompu. Ocht gclaí dhéag. Mo mhiúilse chun deiridh ar fad agus iad ag dul thar na seastáin. Dhá mhíle rite acu nuair a thug

Ark's Fancy droch-chlabhta do chlaí lena chosa deiridh. Ach féar plé don mharcach. Duine ar bith eile agus bhí sé ar an talamh, ballbhrúnna ar a thóin go ceann seachtaine. Ach is gliúáilte den diallait a bhí mo laochsa, mo ghile mear. A fhad ar a ghiorracht, bhíodar chugainn is gan ach trí chlaí le léimt acu agus gan ach cúig chapall as an aon chapall déag fágtha sa rás. Capall éigin a raibh 8/1 le fáil air chun tosaigh orthu go léir ach rogha na coitiantachta ag teannadh leis go géar agus liú ón seastán mar a bheadh anamacha i bpéin, na gártha suilt is spreagtha ag teacht ó áiteanna eile, mo chapaillín bocht sa chúigiú háit, tríocha éigin slat chun deiridh. Thit an chéad chapall ina phleist tar éis tabhairt róluath faoin gclaí agus cad déarfá ná gur thit rogha na coitiantachta sa mhullach air . . . agus thit mallachtaí an tslua sa mhullach air siúd agus gach ar bhain riamh leis. An chéad chapall eile is i ndeireadh na feide a bhí sé agus dhiúltaigh sé scun scan tabhairt faoin gclaí; amach thar chiumhais an chúrsa leis, stop sé. Bhí a dhóthain de aige. D'fhág sin gan ach dhá chapall sa rás, capaill nach raibh seans in Éirinn acu rás a bhuachan — go dtí inniu.

Ní raibh gíocs as aon duine. Alltacht. D'fhéach mo dheartháir orm. Bhí a bhéal ar leathadh. 'D'fhéadfadh sé an beart a dhéanamh fós!' Chuir an dá chapall claí díobh agus mo chapallsa deich slat chun tosaigh; chuireadar an claí deireanach díobh agus iad gualainn ar ghualainn, nach mór. Bhí an capall eile chun tosaigh anois, ach chonacthas dom nach raibh mórán peitril fágtha san umar aige. Céad slat eile le rith. In áit dul thairis ar an taobh amuigh cad a rinne mo mharcachsa ach an capall a tharraingt go dtí an taobh istigh agus é ag déanamh ar na ráillí, rud a bhris ar rithim an tsodair. Bhí fad capaill caillte aige de dheasca an bhirt bhuile sin. 'Cad tá á dhéanamh ag an diabhal?' arsa mise de bhéic, á shamhlú go raibh breab faighte aige ligint don gcapall eile buachan.

'Á thabhairt isteach feadh na ráillí atá sé,' arsa mo dheartháir go comhcheilgeach, rúneolach, greim uillinne aige orm, 'chun go rithfidh sé i líne dhíreach.' Agus sin an rud a rinne sé, cloí leis na ráillí agus is amhlaidh a tháinig meisce éigin ar an gcapall eile agus dá gcífeá an fhiarlaoideacht a bhí ar bun aige. Caithfidh gur mé féin agus mo dheartháireacha amháin i measc an tslua mhóir – seachas na geallghlacadóirí – a d'ardaigh gáir mholta d'Ark's Fancy an tráthnóna úd. Sceitimíní? Bhíos im rí.

Bímid fós ag caint air. Tá sé ina nath eadrainn. Aon uair dá mbím ag súil le míorúilt éigin. 'Ark's Fancy, a bhuachaill, éirigh as!' Ach tarlaíonn míorúiltí. Ní rómhinic, admhaím, ach tarlaíonn siad.

Smaoineamh an lae

Ní trí thaisme a tháinig Hitler ar an saol. Freagraíonn Hitler do na tuismitheoirí liobrálacha sin nár labhair lena bpáistí faoi Dhia, ná faoin todhchaí, ná faoi rud ar bith. Ba Chríostaithe galfchlub iad . . .

Eugen Rosenstock-Huessy

Bainim aoibhneas thar na bearta as ealaín na mBundúchasach. Ainmneacha Éireannacha ar go leor de na healaíontóirí, Mulcahy, cuir i gcás. Saothar den gcéad scoth ar fad agus teidil dhraíochta ar go leor acu – Crogall ag Sealgaireacht, Ionad Scíthe na dTurtar agus mar sin de, patrúin theibí nua-aimseartha, ba dhóigh leat, ach an ealaín féin, an traidisiún, chomh sean leis an gceo.

Agus pobail eile ar fud an domhain ag athrú, cén fáth nach ndearna an Bundúchasach an dul chun cinn céanna, cén fáth ar fhan sé chomh fada sin ina fhiagaí-fhánaí? Toisc a chosmeolaíocht féin a bheith slán, ab ea, agus nach bhféadfaí cur léi ná baint di, seachas le scéal eile, le pictiúr eile ar mionsonraí maisiúcháin ar an bhfís chéanna iad? Thacaigh Rí na nDúl leis an gcosmeolaíocht sin – níor chuir Sé raidhse phlandaí ná ainmhithe, ar síoliompróirí iad, ar fáil; dá bharr sin níor saothraíodh an talamh, níor cothaíodh gabháltais.

San India dúinn, chonaiceamar teampaill a bhí tiomnaithe don dia-eilifint, Ganesh, don dia-mhoncaí, Hanuman. Is trí sheans ar fad nach bhfacamar teampall san Astráil a bhí tiomnaithe don dia-changarú mar bhí Hiondúigh agus Búdaigh dheisceart na hIndia réidh chun coilíneacht a dhéanamh ar an Astráil nuair a tharla géarchéim sa bhaile – ionradh na Moslamach sa chúigiú haois déag. Cuimhnigh air. Tír eile ar fad a bheadh san Astráil – í gan feoil, gan alcól, gan chearrbhachas, cead a chos ag an gcangarú preabadh trí shráideanna Sydney (faoi ainm eile, ar ndóigh) agus a chac a dhéanamh dá mba mhian leis. Cad déarfadh bean Mhumbai? Ní bheadh deacracht ar bith aici leis an teoiric sin. Agus níl deacracht agamsa léi ach an oiread. Cinnte, tá dia sa changarú. Léimeann Dia! Ní dóigh leat gur ina staic atá Sé.

Níor éirigh leis na Sínigh coilíniú a dhéanamh ar an Astráil ach an oiread. Agus is mall go maith a tháinig na hEorpaigh féin toisc go scuabadh suaillí na Mara Theas ó thuaidh ar fad iad.

San Aquarium in Sydney tá scata Gearmánach ag iarraidh radharc a fháil ar an bplatapas lachaghobach.

Blátha gorma an jacaranda —
féach! Cocatú
Faoina chírín sulfair

'*Wo ist der Kerl?*' Cá bhfuil an pleidhce?

'*Versteckt!*' I bhfolach i stumpa crainn. Ansin, go tobann, bogann sé a ghob amach.

'*Da ist er!*' Sin é é! An platapas lachaghobach, ambasa!

Is snámhóir deas é an platapas céanna ach ní róghlic a bhíonn sé ar thalamh tirim; buaileann sé in aghaidh constaicí go minic. Sinne ag bualadh in aghaidh na nGearmánach lachaghobach.

Cuireadh sampla den bplatapas lachaghobach chun na Breataine sa bhliain 1798, sampla marbh, agus chrom na heolaithe ar gháire faoi. Mheasadar gur jóc ab ea é. Is mar seo a scríobh file an phobail, 'Banjo' Paterson (údar *Waltzing Matilda*') faoin bplatapas:

And he talks in a deep unfriendly growl
As he goes on his journey lonely;
For he's no relation to fish or fowl,
Nor to bird nor beast, nor to hornéd owl'
In fact, he's the one and only!

Ní féidir scéal *INNTI* a ríomh gan tagairt a dhéanamh d'iris eile a chuaigh roimpi, *Motus*. Buailim le seanchara liom, bunaitheoir na hirise sin, Roderick Campbell, atá curtha faoi in Rozelle, Sydney. Mo dhála féin, is eagarthóir agus aistritheoir anois é. Bíonn sé ag troid le húdair an t-am ar fad, ní nach ionadh, mar sa chéad áit is údar 'teipthe' é féin agus sa dara háit tá níos mó eolais aige, dar leis féin, ar ábhar an leabhair atá á chur in eagar aige ná mar atá ag an údar féin. Bhí sé riamh mar sin.

Clapsholas i ngairdín Roderick faoin gcrann *jacaranda*. Tóirse aige. Ciocáda á lorg aige.

'Maireann an ciocáda seacht mbliana faoi thalamh,' a deir sé liom. Cuma an chiocáda air féin. Ní éiríonn leis teacht ar cheann beo. Taispeánann sé blaosc fholamh dom.

'Bhíos ag obair ar leabhar eolais faoi fheithidí,' ar seisean, 'agus an chéad rud eile líon an staidéarlann le feithidí. Agus bhíodar ansin, ag stánadh ar an scáileán ríomhaire. Rinne ceann acu a mhún orm . . .'

An ndéanann an ciocáda a mhún? Cé mise chun Roderick a cheistiú . . . fear an tóirse, ag póirseáil sa dorchadas. Sea, bhí leath de mhic léinn Chorcaí scanraithe roimis. Hata ard síoda ar a cheann. An cána siúil á bhagairt

An cúcabarra
ag gáirí sa bhforaois —
cuimlíonn cangarú a chluas

aige ar aineolaithe. Ba mhinic na Gardaí á cheistiú. 'Cé thú féin agus cad tá ar siúl amuigh agat ag uair mharbh na hoíche?'

'Ó,' a deireadh sé, 'táim ar thóir mo chuid camall. Táid amuigh ansan áit éigin san uaigneas.'

Maíonn sé nár fhoghlaim sé faic san Ollscoil. 'Bhí Caipisíneach againn a bhí ag iarraidh eipistéimeolaíocht a mhúineadh dhúinn. Ba nós leis a chlár éadain a chuimilt an t-am ar fad agus é ag caint ar Thomás d'Acuin. Stadadh sé agus stánadh sé roimhe. Ní raibh a fhios againne cad a bhí ag imeacht trína cheann. Fuaireas amach sa deireadh gur chreid sé go raibh Naomh Tomás ina shuí i mbun an ranga. Agus Seán Lucy. Chaith seisean an iomarca ama ag iarraidh a chruthú go mba Chaitliceach é Shakespeare . . .'

Amach faoi na Sléibhte Gorma . . . 125 ciliméadar siar ó Sydney. Éalaíonn gás ón gcrann eoclaipe agus sin a fhágann gorm iad na Sléibhte Gorma. Breis is 700 sórt eoclaipe san Astráil agus ní hé gach saghas duilleog eoclaipe a d'íosfadh an cóála, beag an baol, agus tá 35 sórt díobh sin ar fad ann. Tuairim is 80,000 cóála acu san Astráil.

Rún na luibheolaithe . . . Crainn ghiúise Wollemi: measadh gur díothaíodh iad tuairim is 150 milliún bliain ó shin. Mar sin, samhlaigh an gliondar a bhí ar na heolaithe a tháinig ar shamplaí beo díobh sa bhliain 1994. Ciallaíonn Wollemi 'bí ag faire amach'; áit iargúlta é agus d'fhéadfá dul amú ann go héasca. Níl a fhios ag an ngnáthphobal cá bhfuil na crainn seo go baileach agus ní ligtear dúinne iad a fheiscint ach an oiread.

Smaoineamh an lae

Nuair a dheintí cogadh a fhearadh ar neamhchreidmhigh, ar phágánaigh, ar bharbaraigh, bhí an duine sibhialta in ann a naimhde a shamhlú mar neacha fo-dhaonna.

Níl sin indéanta a thuilleadh. Is comhionann sinn go léir agus is cogadh cathartha gach cogadh laistigh d'aon sochaí amháin.

Eugen Rosenstock-Huessy

An míona glórach
dá laghad é –
cuireann teitheadh ar an bhfiach dubh

An 30 Samhain, an lá is faide fós ó d'fhágamar Inis aoibhinn Ealga ar an 30 Meán Fómhair. Aistear dhá uair an chloig agus os a chionn go hAuckland na Nua-Shéalainne, áit nach bhfacamar ach T-léine ag rá 'Tacaímse le foireann na Nua-Shéalainne agus le foireann ar bith atá ag imirt in aghaidh na hAstráile'; aistear 10,000 ciliméadar ar a laghad romhainn go Buenos Aires na hAirgintíne. 16 uair an chloig de dhifríocht ama ann, mar sin cé go bhfágaimid Auckland tráthnóna Dé hAoine bainimid Buenos Aires amach am lóin an lá céanna.

Sa bhialann phíotsa fiafraíonn freastalaí faoi sciorta dubh – nach bhféadfadh a bheith níos lú – cad as dúinn. Tógann sé tamall orm cuimhneamh cad as dom. 'Irlanda!' Tá a fhios aici go maith. 'Orlando.' Tugaim faoina ceartú ach tá sé chomh maith agam a bheith ag caint le Maggie Thatcher. 'Si, si, Orlando!' agus cloisimid faoi na deartháireacha atá aici thall sna Stáit. Leanbh nuashaolaithe ag duine acu. 'Níl sé ach mí d'aois!' By dad! Tá deoch uisce uainn. 'Sin gas,' a deirimse – uisce gan ghás. Braithim céad bliain d'aois,

braithim nach mbeidh deireadh go deo leis an Aoine seo.

Cad a thug go Meiriceá Theas sinn? Táimid chun bualadh le haondeartháir m'athar, Curt, ar an Domhnach . . . in Santiago de Chile. Col ceathracha agam ann nach bhfaca mé riamh i mo shaol. Cén saghas iad? An réiteoimid lena chéile?

Rósanna über alles . . . Ní fheadar an bhfuil Rosenstock ar bith eile in Buenos Aires, dála an scéil? Ceadaím an tEolaí Teileafóin. Féach, tá, beirt. An réimír Rosen coitianta go leor . . . Rosenblut, fuil na rósanna. Nach deas é sin. Rosenvasser, rósuisce agus scata eile: Rosenbaum, Rosenberg, Rosenblatt, Rosendorn, Rosenfarb, Rosengarten, Rosenkrantz, Rosenzweig . . . Giúdaigh a bhformhór acu, glacaim leis. Ní chuirfeadh sé ionadh orm Rosenghliomach a fheiscint ina measc.

Cad a dhéanfaimid amárach? Níl aithne againn ar dhuine ná deoraí anseo. Tá cúpla beár Éireannach anseo ceart go leor ach . . . bíodh acu an turas seo. Is fearr tamall a chaitheamh ag léamh is ag scríobh agus dreas codlata a dhéanamh.

Is aisteach iad na rudaí beaga a cheanglaíonn daoine agus áiteanna lena chéile ar uairibh, na tagairtí atá comónta eatarthu agus nach bhfuil. In *Malgudi Days* tá gearrscéal dar teideal *Emden*. Long chogaidh de chuid na Gearmáine a d'ionsaigh Madras (Chennai) na hIndia sa bhliain chinniúnach úd, 1916, ab ea an *Emden*. Ar feadh tamaill mhaith ina dhiaidh sin − nó b'fhéidir in áiteanna áirithe go dtí an lá atá inniu ann − focal ab ea *Emden* ag na hIndiaigh ar dhuine garbh, duine gan trócaire.

San Astráil dom léas *A Short History of Australia* le Manning Clark, duine a raibh dearcadh an-aisteach aige ar Chaitlicigh na hÉireann, feictear dom, agus cad a léim sa leabhar sin ach gur chuir long Astrálach, an *Sydney*, an *Emden* go tóin poill amach ó na hOileáin Cocos. An stair, an béaloideas agus an litríocht ag bualadh lena chéile, i m'intinnse, ach go háirithe.

Óstán bunúsach go leor i lár na cathrach é an Sarmiento Suites. Níl ach pictiúr amháin ar an bhfalla sa seomra bricfeasta, cachtas faoi bhláth, le Georgia O' Keeffe, ceiliúradh íogair neamhnáireach ar an mbanúlacht agus ar an ngnéasúlacht (mura bhfuil breall orm) agus a insíonn a lán faoin gcultúr ina bhfuilimid anois, Meiriceá Laidineach. Arís, is pictiúir de phlandaí a mhaisíonn na pasáistí agus na seomraí codlata. Agus gaolta gairide liom féin anseo i Meiriceá Theas, beidh sé spéisiúil a fháil amach an treise dúchas na Sile iontu ná dúchas na Gearmáine. Tar éis an tsaoil, bhí mo thuismitheoirí féin leathmheáite ar dhul go dtí an tSile tar éis an Dara Cogadh Domhanda − bhí Curt ann rompu sular bhris an cogadh amach in aon chor. Spáinniseoir a bheadh ionamsa inniu, mar sin. An mbeadh Éire feicthe agam, fiú amháin? Clann mhac Curt ní rabhadar riamh in Éirinn. An é nach mbeadh de cheangal agam le hÉirinn ach ainm thírghráthóir na Sile, Bernardo O' Higgins? Agus cén pleidhce a phósfadh Eithne i m'éagmais-se? Chuirfeadh sé ag smaoineamh tú, ceart go leor . . . *la vida es sueño*, taibhreamh is ea an saol. An fíor?

A Mhaggie Thatcher, má tá tú á léamh so, bíodh a fhios agat go bhfuilim féin agus Eithne ag an leacht cuimhneacháin ar son na nAirgintíneach a thit i gCogadh na Malvinas, nó Oileáin Fháclainne mar a thugann tusa agus do shórtsa orthu. Déanann Eithne í féin a choisreacan go hómósach. Chun go dtuigfidh an bheirt mhairnéalach atá ar garda ann nach Sasanaigh sinn, an ea? Ní hea, tá sí tar éis paidir a rá ar son na máithreacha, máithreacha na mairnéalach go léir a maraíodh.

Amhráinín Síodraimín . . . Ar an bpáipéar *La Nación*, ceannlíne fhileata: *La Guitarra lloró por Harrison* . . . an giotár ag caoineadh ar son George Harrison. Aisteach mar a thagann scéalta chugat agus tú ar an gcoigríoch. I measc na ndaoine atá á chaoineadh tá banríon Shasana, nó '*La reina Isabel II de Inglaterra* . . .' Isabel, ambaic!

Ag freastal ar choláiste samhraidh i mBaile an Bhuinneánaigh a bhíos-sa nuair a chuala trácht ar na Beatles an chéad uair. 'Amhráinín Síodraimín' á fhoghlaim againn sa rang, amhráin de chuid na mBeatles mar ábhar comhrá – os íseal – sa chlós. (Á, dá mba é an tslí eile é agus 'Amhráinín Síodraimín' sa chlós againn). An traidisiún *bhakti*, a luaigh mé

cheana agus ar ríluachmhar liom féin é, a mhúnlaigh amhrán mór George Harrison, '*My Sweet Lord*'. I dteannta Krishna in Vrindaban go raibh sé.

Tagaimid ar an dtigh inar mhair an scríbhneoir Jorge Luis Borges. Thóg sé uair an chloig orainn é a bhaint amach. Insíonn fear díolta na nuachtán dúinn go raibh aithne aige ar a bhean. Níl ann ach plaic ar an bhfalla. Braithimse, leis, uaireanta, mar a bhraith Borges nuair a deir sé ina *Aiste Dhírbheathaisnéise*: 'Nuair a scríobhtar rud éigin i mo choinne, ní hamháin go n-aontaím leis ach braithim go bhféadfainn jab níos fearr a dhéanamh de, mé féin.'

An chéad lá de mhí na Nollag agus teas millteach ann. Ar ais linn go dtí an pháirc láir, meas nua againn ar chrainn agus ar scáth duilliúir. A dteanga amuigh ag na gadhair, déagóirí ag spraoi is ag méiseáil; caitear cailín isteach i scairdeán uisce.

Istigh i lár Ardeaglais na Cathrach tá másailéam an Ghinearáil San Martín: athrú sollúnta an gharda, na saighdiúirí gléasta faoi mar ba shaighdiúirí bréige linbh iad. Torann

Buenos Aires: dealbh de ghinearál éigin

déagóirí ag damhsa

ar na céimeanna

na mbuataisí ar leaca fuara na hArdeaglaise. Ceapaimse i dtosach go bhfuil *coup d'état* ag titim amach. Rudaí san ardeaglais thaibhsiúil seo ná cífeá i mórán áiteanna eile – dealbh d'Íosa, a lámha ceangailte, dealbh a bhronn beirt imreoirí sacair ar an eaglais, í istigh faoi ghloine, poll sa ghloine chun ligean duit róba corcra an tSlánaitheora a chuimilt. Cuirim mo lámh isteach ann. Cén fáth nach ndéanfainn? Bíodh an diabhal ag Protastúnaigh agus ag ainchreidmhigh!

Graifítí ag tathant orainn cur in aghaidh an CIA ach níl dóthain de le feiscint chun mé a spreagadh agus tírghráthóir nua de bhunadh na hÉireann – dála Che – a dhéanamh díom.

Ocht mbliana is ceithre scór atá m'Uncail Curt, treise leis. Cónaí air féin agus ar a pháirtnéir, Hannelore, i ngleann aoibhinn Maipo, ceantar cáiliúil an fhíona.

Bláthanna romhainn sa tigh agus cárta a chuireann fáilte ghroíúil romhainn, *Herzlich Willkommen in Chile*. Bíonn Hannelore, ar baintreach faoi dhó í, ag gáirí go minic, ní toisc fonn gáirí a bheith uirthi . . . a mhalairt. Deacracht ag muintir na Sile leis an bhfuaim

'h', mar sin bíonn sí á dteagasc le 'Ha Ha Ha! Hannelore!' Agus deir siadsan ar ais léi, 'A-A-A-Annaloren' agus cuireann siad 'n' mar rubaillín leis. Lá éigin de na laethanta seo éireoidh sí as an ngáire, a deir sí.

Tugann siad amach le haghaidh béile sinn in áit aisteach in San José de Maipo. Is d'adhmad snoite í an bhialann Casa Bosque, adhmad ó bhun go barr. Léaráid as duaisleabhar do pháistí, ba dhóigh leat.

'Hübsch, nicht?' a deir Curt, 'Tá sé gleoite, nach bhfuil?' Spáinnis, Béarla agus Gearmáinis á labhairt aige – nó meascán, uaireanta, in aon abairt amháin agus beagán den bPortuñol tríd, stobhach de Phortaingéilis agus de Spáinnis ar geall le teanga ar leith í. Níl sé pioc sásta leis an mbia, áfach – an túna leathamh; fonn air an sáiltéar a bhreith leis ag deireadh na hoíche mar chúiteamh ar an mbeathú díomách. Tá muintir na Sile ábhairín leisciúil, a deir sé linn, agus faighim an tuairim uaidh go mbeadh rath ar an tír dá mba iad na Gearmánaigh a bhí á rith! An í an leisciúlacht faoi ndeara é go gcloisim *'mucha gracia'* á rá ag daoine in ionad *'muchas gracias'*? Is cuma linne

Colúr á ní féin sa scairdeán
bean rialta
ag rá an phaidrín

faoin bpraiseach a rinneadh den mbéile – áthas orainn é féin a fheiscint chomh breabhsánta gealgháireach sin agus é ag eachtraí dúinn faoi na blianta a chaith sé sa Bhrasaíl . . . comh-Ghearmánach leis a raibh coileach aige agus trí chos faoi, duine a bhí in ann leas a bhaint as iasc leictreach chun solas a chur sa bhus aige, má thuigeas an scéal i gceart. Cé gur thug Curt vóta don gCumannach, Allende, ní raibh rath air sa tSile faoin réimeas úd agus chaith sé trí bliana déag thoir sa Bhrasaíl. Ní dóigh liom go bhfaighidh mé amach go deo cad a bhí ar siúl aige ann. Tá a fhios agam go raibh sé ag plé le scairdeáin cheolmhara ar feadh tréimhse – scairdeáin a dhéanfadh idir cheol agus uisce a stealladh ar fud na háite. Dia go deo linn!

Raidhse plandaí timpeall an tí aige, luibheanna leighis ina measc.

'Aon tuairim agat cén crann é sin?' ar sé.

'Tuairim faoin spéir,' a deirimse.

Stoitheann sé géigín de.

'Sin é an *quillay*, nó an crann gallúnaí. Leathchéad bliain ó shin bhí sé sin á easpórtáil chun na Gearmáine againn. Baineadh leas as na duilleoga chun gallúnach agus seampú a dhéanamh. Agus sin í an eoclaip thall – nuair a théitear ola na heoclaipe déanann an ghal maitheas do na scamhóga, ach í a análú.' An-éileamh i gcónaí sa Ghearmáin ar phlandaí trópaiceacha. Cloisim ó Churt go mbíodh m'athairse á n-iompórtáil chun na hÉireann, rud nach raibh a fhios agam. Ach, ar ndóigh, bhí lámh aige siúd, leis, in an-chuid nithe, scéimeanna craiceáilte ina measc. B'fhéidir go bhfuil cuid den iltréitheacht sin ionam féin agus gur cheart dom díriú ar rud amháin. Ná bí thall is abhus nó ní bheidh tú abhus ná thall.

Thiomáineamar thar cheann de na scairdeáin aige. Radharc dearóil: ní raibh uisce, ceol ná aon ní eile ag éalú as, ach ceo brothaill. 'Á, na mionpháirteanna go léir sciobtha ag na *bandidos*!'

Fógra in airde ag polaiteoir leathmhaol agus cartún de leon faoina bhun – sin é is sloinne dó, leis. Agus an mana atá ag an Leonach lách: *te defiende como león*, déanfaidh sé tú a chosaint mar leon. Agus tá gá le cosaint anseo. Curt an-aireach agus a chairt á páirceáil aige. Má sciobtar do chairt anseo ní fheicfidh tú arís í – brisfear ina mionchodanna í agus díolfar na mionpháirteanna.

Tháinig long ó Valparaiso . . . Is beag Gael de mo ghlúinse nár fhoghlaim dán úd Gogarty, ar chuir an Moinsíneoir Pádraig de Brún Gaoluinn bhinn air. Seo anois sinn i dtigh Jochen, mac Curt, in Viña del Mar agus radharc againn istoíche ar shoilse Valparaiso, an chathair a bhunaigh na Spáinnigh sa bhliain 1536. Níor thit braon báistí sa dúthaigh le mí anuas. 500 ciliméadar ó thuaidh tá gaineamhlach sa tSíle agus níor thit braon báistí ann le blianta blianta fada. An áit is tirime ar domhan. Is máinlia é Jochen agus é lán de chaint faoi na Saor-Mháisiúin. Cuirim in iúl dó, i mbeagán focal, go bhfuil cúiseanna stairiúla againne, Gaeil, gan lé a bheith againn leis na Máisiúin chéanna.

'Ach Máisiún ab ea Goethe,' ar sé. 'Agus Mozart. Nach maith leat Mozart?'

'Is maith ach . . .'

Casann sé chuig a bhean, Monica, agus deir sé as Spáinnis léi go bhfuil tuairimí aite againn. Rud amháin a mhúin an t-aistear seo dom is ea gur oidhreacht shamhlaíoch an Chaitliceachais Éireannaigh a fuaireas-sa, ar scoil agus ó mo mháthair, agus pé teagmháil a bhí agam ó shin le córais chreidimh an Oirthir – an *bhakti* san áireamh, is cuma – ní féidir an chuid sin de do dhúchas a shéanadh, go háirithe tar éis do theanga na nGael an dúchas sin a neartú. Tá a fhios agam go bhfuil dúchas na nGael níos sine i bhfad ná an Chríostaíocht agus go mba dheise liom an Fhiannaíocht a bheith mar lón léitheoireachta agam agus mé fágtha liom féin ar oileán tréigthe ná Soiscéal Dé, ach tá rud amháin cinnte . . . nílimse chun iompú i mo Mháisiún, in Valparaiso ná in aon áit eile. Guí dheacair orthu!

Ar ndóigh, dá mbeinnse in áit Jochen agus fonn dul chun cinn sa tsaol a bheith orm, cá bhfios ná go mbeinnse, leis, ag cleachtadh na ndeasghnáth Albanach a bhíonn acu i lóiste Valparaiso; tar éis an tsaoil, is dócha gur Saor-Mháisiún ab ea an Gobán Saor, bail ó Dhia air.

Bhí Jochen agus a chomh-Mháisiúin buartha nuair a tháinig Allende i gcumhacht. Tháinig 10,000 saighdiúir Cúbach chun na

Sile. *'Kommunismus? Nein, Vandalismus!'* arsa Jochen. (Ní gá dom é sin a aistriú). Bhailigh Curt leis chun na Brasaíle, mar a dúrt, agus chuaigh Jochen chun na Gearmáine. Is é a bhí sásta nuair a tháinig Pinochet i gcumhacht. Ord agus eagar sa tír arís. Bhuel . . . deirimse leis go mbeadh sé geall le bheith dodhéanta meas madra a bheith againn ar bhúistéir ar bith a raibh Maggie Thatcher mór leis.

Tá dhá bhrí leis an bhfocal 'strus' sa Ghaoluinn, teannas, ar ndóigh, agus maoin. Is dócha gur dís iad a ghabhann le chéile agus tá comharthaí sóirt an dá shaghas struis ag roinnt le mo chol ceathrair. Nach bhfuil an diabhal ar fad ar an rachmas: caitheann tú leath do shaoil ag iarraidh cur leis, é a chosaint agus é a thaispeáint ag an am céanna. Rachmasaí ab ea m'athairse, leis – ní ar scála an Tíogair Cheiltigh, ach boc mór ab ea é, d'fhéadfá a rá, agus sinn ag éirí aníos i gCill Fhíonáin. Is cuimhin liom eachtra ó laethanta m'óige a léirigh dom an éagóir a bhaineann le pribhléid. Mé féin agus cara liom ag an am, Martin, bhuail taom buile den bPoblachtachas sinn agus bhreacamar *'Brits Out'* ar an mbóthar. Tháinig an sáirsint chugam an lá dár gcionn.

'Ní hé go bhfuilim ag easaontú leat ná aon ní,' ar sé, 'ach an rud atá déanta agaibh tá sé in aghaidh an dlí.' Níor thuigeas ó thalamh an domhain conas a fuair sé amach cé a rinne é. Ar batráladh Martin bocht? Ar sceith sé? Bhí na smaointe sin ag imeacht trí m'intinn nuair a labhair an Sáirsint Mac an tSionnaigh arís. 'Beidh oraibh é a ghlanadh.' D'fhéachas air.

'Ní ghlanfadsa faic!' ar mé go stóinsithe agus dhúnas an doras de phlab. Nach mé a bhí postúil an uair úd.

Is ea, an mhaidin dár gcionn bhí ar m'athair dul go cathair Luimnigh agus thoilíos é a thionlacan – bheadh deis agam féachaint cad iad na leabhair a bheadh romham sa Treaty Bookstore. Cé a bhí ar a ghlúine romhainn ar an mbóthar ach Martin, buicéad uisce taobh leis, scuab gharbh ina ghlac agus é ag bárcadh allais. Chuir sé na súile tríom agus sinn ag tiomáint thairis sa Jaguar. Goimh cheart air.

'Was macht der Junge? Ist er verrückt?' a d'fhiafraigh m'athair díom: 'An ag glanadh an bhóthair atá sé!? An as a mheabhair atá

Leoithne bhog sa ghairdín

priocann an sípéar dubh Gearmánach

a chluasa

an garsún?' (Má mheas sé go raibh duine éigin *verrückt* is í an Ghearmáinis a labhraíodh sé). Ligeas orm nach raibh puinn aithne agam ar an ngealt.

'Glan as a mheabhair, ní foláir,' arsa mise agus gráin agam orm féin . . .

Turas go baile beag iascaireachta, Horcón. Stopaimid tamall chun breathnú ar na peileacáin. Loite atá siad ag na hiascairí, chomh loite sin go seasaid i scuaine dóil ag súil le síneadh láimhe, cuid acu chomh beathaithe sin go bhfuil leathionadh orthu féin go bhfuil siad in ann seasamh. Ní dhéanann siad iascaireacht dóibh féin a thuilleadh. San Pedro, Naomh Peadar, pátrún na n-iascairí, amuigh ar charraig aonair agus greamhas air. Cuir an *Herrenvolk* i gceannas ar an tSile agus beidh deireadh leis an gcraic sin, mise á rá libh!

Tae caca . . . Ar aghaidh linn agus an chéad rud eile, bolaímid cac capaill.

'Muisiriúin,' a deir Jochen. Monarcha ag Síneach ann, thart ar 200 fostaithe aige. 'Meabhraíonn sé sin dom,' ar sé, 'ag campáil sna hAindéis a bhíomar agus buaileadh ár

dtreoraí go dona tinn. Ní raibh cóir leighis agam dó, é ag caitheamh amach de shíor. Buinneach air. Bhíomar an-fhada ó bhaile.' Thosnaíos ag cuimhneamh ar an timpiste eitleáin a tharla go hard sna hAindéis blianta ó shin nuair b'éigean do na paisinéirí dul i muinín na canablachta chun teacht slán. 'Ar aon nós, bhí an fear bocht ar an dé deiridh agus d'iarr sé orm cnapán de chac capaill a fháil dó. Níor dheacair sin ós capaill a bhí fúinn. D'iarr sé orm ansin an citeal a chur síos agus tae caca a dhéanamh dó. Chaith sé siar é. Maidin lá arna mhárach bhí sé chomh folláin le breac . . . '

Oilithrigh feadh na slí. Amárach an 8ú Nollaig – ar a nglúine a dhéanfaidh siad an ciliméadar deireanach den turas agus ansin pógfaidh siad dealbh na Maighdine, an Virgén de los Vasques.

Plancstaí na bpearóidí . . . Ionad siopadóireachta in Viña del Mar agus garsúinín ag stánadh ar fhuinneog. Sea? Agus? Ag feadaíl atá sé. Agus? An ceol! Ceol as foraois bháistí, feadaíl nár chualathas a réimse ná a rithim riamh in Éirinn, feadaíl

Siopa earraí seanda in Valparaiso —
clogad Gearmánach
agus meirg air

as *Urwald*, áit nár sheas aon duine fós, áit as imeall domhain, plancstaí na bpearóidí.

Tugaimid cuairt ar thigh Phablo Neruda, ar músaem anois é, in Valparaiso. Cé eile ach Neruda a scríobhfadh óid do thráta:

> *líon an tsráid*
> *le trátaí,*
> *lár an lae,*
> *sa samhradh,*
> *an solas*
> *roinnte ina leath*
> *ar nós*
> *tráta,*
> *ritheann*
> *an sú*
> *trí na sráideanna . . .*
>   *(Neruda's Garden)*

Smaoineamh an lae

Tá Dia dofheicthe. Dá réir sin, an duine ar mhaith leis a bheith in íomhá Dé, ní mór dó a bheith dofheicthe.

Eugen Rosenstock-Huessy

Mistéir mhór . . . Beidh orainn stopadh in Lima, Peiriú, sula dtabharfaimid faoi Aerfort Los Angeles. Féachaim amach an fhuinneog – agus is maith gur fhéach, deirimse leat. Bhí glandearmad déanta agam go mbeadh ceann de mhóriontais an domhain thíos fúinn. Conas nár mheabhraigh an píolóta dúinn é? An ina chodladh atá sé? B'fhéidir gur fhógair sé é, ceart go leor, ach gur ag míogarnach a bhíos-sa. Tá radharc thíos fúinn, gan aon bhréag, a bhainfeadh stangadh as easpag! Táim ag tagairt, ar ndóigh, do na Línte Nazca sna hAindéis, cruthú – más fíor d'Erich von Däniken – gur tógadh aerfort nó rúidbhealach anso fadó do chuairteoirí neamhdhaonna. Sea, chaithfeá do shúile a chuimilt mar is línte fada iad seo nach féidir a bpatrún a dhéanamh amach ach ón aer. Seachas na línte díreacha a mheabhródh rúidbhealach duit tá patrúin eile le feiscint. I bhfoirm éan atá cuid acu, cuid eile ina ndamháin alla, ina bplandaí, ina moncaithe agus – iontas na n-iontas – i lár an ghaineamhlaigh seo tá patrún, leis, de mhíol mór.

An treibh Nazca i ndeisceart Pheiriú a chuir an dua orthu féin na patrúin seo a dhéanamh, ní fhacadar féin riamh ina n-iomláine iad. Go deimhin, ní fhacthas i gceart iad go dtí gur eitlíodh os a gcionn. Maidir le mistéir! Ba í Maria Reiche, a theith ón nGearmáin sa bhliain 1939, an chéad duine a rinne staidéar orthu. Matamaiticeoir a bhí inti agus ba é mian a croí na patrúin uathúla seo a chaomhnú agus an dúcheist a réiteach – cad iad? Thosnaigh eolaithe sna 1970í ar staidéar sofaisticiúil a dhéanamh orthu le cabhair ríomhairí. Geoiglifí a thugadar ar na línte. Teoiric amháin a chuirtear chun cinn ná gur cosáin oilithreachta ab ea iad agus leapacha ársa sruthán á leanúint acu. Cá bhfios?

Súil sa spéir agus í díchollaithe . . . Fiafraím díom féin, an raibh radharc ós na firmimintí anuas ag an bpobal Nazca ar a ndúthaigh féin i measc na mbeann? Ní hé go bhfuilim á mhaíomh go raibh balúin iompair acu ná aon ní eile dá sórt ach go mb'fhéidir go raibh lucht feasa ina measc, seámain, ar nós leo sacraimint a ghlacadh – luibh éigin nó muisiriún – sacraimint a thug súile eile dóibh. Sa chomhthéacs seo, féach a raibh le rá ag R. Gordon Wasson, baincéir Meiriceánach, an chéad duine, go bhfios dom, a rinne cur síos ar bheacáin draíochta a ithe i Meicsiceo Theas (1957):

. . . the visions came whether our eyes were opened or closed. They were vivid in colour, always harmonious. They began with art motifs, angular such as might decorate carpets or textiles or wallpaper or the drawing board of an architect . . .

(Shamans Through Time)

Nach é seo an radharc atá thíos fúm anois? Abairt amháin eile ó Wasson, mar sin, chun bailchríoch a chur ar mo theoiricse: *'There I was, poised in space, a disembodied eye, invisible, incorporeal, seeing but not seen . . .'* *(ibid)*

Pé ar domhan scéal é, tá an-áthas orm nach raibh scamaill idir mé agus na Línte Nazca. Níor mhair an radharc ach trí nóiméad, ar a mhéid, ach fanfaidh na geoiglifí úd − nó pé rudaí iad féin − i mo chuimhne ar feadh i bhfad.

Abairt fhada . . . 'Bhíos timpeall an domhain le déanaí,' a dúirt Thomas Beecham, 'agus ní mór é mo mheas air'. Ní fheadar an raibh sé i ndeisceart Pheiriú? Seo linn san aer arís, an dís ar fán, as Santiago go Lima, as Lima go Los Angeles agus as Los Angeles − Cathair na nAingeal − go San Diego i gCalifornia, áit a bhfuil cónaí ar Hugo, uncail le hEithne, duine de mhuintir Mhig Uidhir as Muineachán a thug an tOileán Úr air féin breis is leathchéad bliain ó shin, tigh ar an gcnoc aige, linn snámha sa ghairdín agus dordéin a thugann cuairt air agus iad chomh pointeáilte leis na haerárthaí cabhlaigh a dhubhaíonn an spéir ó mhaidin nó go mbuíonn tráthnóna − phriocfaidís ribe gruaige as do cheann tá siad chomh dána sin, na dordéin, atáim a rá. Abairt fhada. Ach tá turas fada déanta againn agus is gearr go mbeidh ina lánstad.

Drochbhlas i mo bhéal . . . Sular thuirlingíomar in San Diego tugadh milseán dúinn saor in aisce, milseán a bhfuil ainm aisteach air, Trident Advantage, atá in ainm is a bheith in ann na fiacla a neartú agus an anáil a mhilsiú. Bhí orm féachaint arís is arís eile ar an bpacáistiú le deimhniú nach rud éigin eile ar fad a tugadh dúinn, trí thaisme nó d'aon ghnó, táibléad éigin speisialta chun leithreas eitleáin a ghlanadh amach.

Soilse Mheicsiceo ag caochadh orainn trasna an chuain, an cuan ina suíonn longa cogaidh, ceann i ndiaidh a chéile, go bagrach. Gach re tigh agus bratach na Stát Aontaithe ar foluain ann. Amach linn ag siúl agus gabhann duine tharainn i gcathaoir rothaí – bratach a thíre ar foluain aige siúd chomh maith.

Plobaire ina shuí sa pháirc phoiblí. Skip is ainm dó agus tá cártaí Tarot á léamh aige, le breis is tríocha bliain anuas. Níl aon duine ag dul in aice leis. (B'fhéidir go raibh sé sna cártaí ná beadh puinn custaiméirí inniu aige). Tar éis an tsaoil, cad is féidir leis na cártaí Tarot a rá nach bhfuil á chraobhscaoileadh cheana ag CNN? Glacaim trua dó agus ligim dó na cártaí a léamh dom. Is léir go bhfuil m'*ego* á bhrú faoi chois agam, a deir sé. D'fhéadfainn i bhfad níos mó a chur i gcrích dá gcuirfinn chuige.

'Caithfidh tú cath a fhógairt, a Ghabriel! Cath, sea, cath! Sin é a deir na cártaí. Agus rud eile fós, deir siad go mbuafaidh tú!' Bhí a fhios agam é! CNN arís! Tá fonn orm é a thachtadh agus a rá leis gur síochánaí atá ionam agus go bhfuilim bréan dóite de chathanna. Tugann sé bronntanas beag dom agus mé ag imeacht. Boilgeoga!

'Téir ag séideadh boilgeog sa pháirc, a Ghabriel!'

'Déanfad amhlaidh, a Skip! Gura míle maith agat!'

Táim i m'éadromán aige. Is dóigh liom nár mhiste Smaoineamh an Lae a tharrac anuas arís gan mhoill. Ach cérbh é féin, an Rosenstock-Huessy seo (1888-1973) a bhfuil a chuid smaointe dár dtionlacan ar fud an domhain? Maíonn m'athair go raibh gaol i bhfad amach aige leis. Ollamh in Harvard ab ea é agus – creid é nó ná creid – chuir sé olc ceart ar a chomhghleacaithe ollscoile nuair a fuaireadar amach go mbíodh tagairt do Dhia aige ina chuid léachtaí. Mac le Theodor agus Paula Rosenstock ab ea é a rugadh i mBeirlín ar an 6 Iúil, 1888. Rinne sé staidéar ar an dlí, ar an stair agus ar an bhfocleolaíocht. Is i bhFlórans a bhuail sé lena bhean, Eilvéiseach darbh ainm Margrit Hüssy, agus phósadar tamaillín sular bhris an Chéad Chogadh Domhanda amach. Cara leis sa chogadh céanna ab ea an fealsamh Giúdach, Franz Rosenzweig, agus tá cáil ar na litreacha eatarthu a foilsíodh faoin teideal *An Giúdachas Ainneoin na Críostaíochta*. Is spéisiúil, leis, an teideal a bhí ar leabhar a tháinig uaidh sa bhliain 1924, *Eolas Praiticiúil ar an Anam*. I measc na leabhar uaidh ar chúrsaí teanga agus fealsúnachta a bhfuil fáil orthu sa Bhéarla tá *Speech and Reality* agus *The Origin of Speech*.

Coinnealbhádh cara leis, an tAthair Josef Wittig, agus scríobhadar leabhar le chéile dar teideal *Das Alter der Kirche* nó *Aois na hEaglaise*. Tháinig leabhar mór uaidh sa bhliain 1931 ar stair réabhlóidí na hEorpa agus theith sé chun na Stát Aontaithe nuair a tháinig na Naitsithe i gcumhacht. Ní beag sin.

Ní gá dom a rá gurb é príomhreiligiún Mheiriceá ná an t-ábharachas. Ionaid siopadóireachta iad na hardeaglaisí atá acu agus tuairiscítear (tar éis 11 Meán Fómhair) go bhfuil ardú suntasach ar líon na mbréagán míleata atá á n-ullmhú ag San Nioclás do gharsúin Mheiriceá agus an domhain trí chéile.

Mise agus al-Qaeda . . . An ceart San Nioclás a fheallmharú? An é sin an cath a mhol na cártaí dom a fhearadh? Samhlaigh an alltacht i súile Dan Rather agus an nuacht á léamh aige.

And the war on terrorism took a bizarre twist today: in San Diego, a minor Irish poet, Gay Rosenblatt – believed to be associated with al-Qaeda – used an American flag to strangle Santa Claus. Before Mr Rosenblatt could make his escape, the Irish terrorist and a female accomplice, believed to be his wife, were gunned down by angry school children.

In eagrán an 8 Nollaig den iris *The Economist* tá alt ann faoi chúrsaí oideachais sa Bhreatain faoin gceannlíne *'Keep out the Priests'*. Géilleann scríbhneoir an ailt go bhfuil cearta áirithe ag tuismitheoirí (húrá!) maidir le scoil a roghnú, *'so long as they give their children a decent amount of real education at the same time as imbuing them with ancient beliefs and superstition . . .'* Anois duit.

Agus cé an fáth a bhfuil sibh imníoch i dtaobh an éadaigh? Tugaigí faoi deara lilí an bháin, mar a fhásann siad; ní dhéanann siad saothar ná sníomh. Ach deirim libh nach raibh ar Sholamh féin, dá mhéad a ghlóir, cóir éadaigh mar atá ar cheann díobh seo.

(*Matha*, 6: 28, 29)

An é sin a bhí i gceist ag an *Economist* le *'ancient beliefs'* agus *'superstition'*? D'éirigh leis an iris alt a fhoilsiú san eagrán céanna in 'ómós' do George Harrison gan tagairt dá laghad a dhéanamh dá chuid prionsabal creidimh. Is mór an trua nach bhfuil de mhisneach ag an *Economist* a rá os ard go gcreideann siad go diongbháilte i ndia, an t-aon dia amháin. Agus is é is ainm dó Mamón.

Athchuairt ar Kerala

I ndeisceart na hIndia dúinn agus is deas an rud é an nuachtán *The Hindu* a léamh arís. Bhraitheas uaim é! Bíonn na fógraí thar barr ann, go háirithe na fógraí beaga ó na hastreolaithe. Feicim fógra anseo ó dhuine atá ag lorg do loirg – lorg d'ordóige. Léifidh sé tríd an *Agasthiya Maharshie* ansin, scríbhinn ársa a breacadh ar dhuilleoga pailme, agus ar chostas leath-euro déarfaidh sé leat cén saghas ab ea thú nuair a tháinig tú ar an saol, rud éigin faoi d'athair is do mháthair (rudaí nach raibh ar eolas agat féin, b'fhéidir), na galair atá ort (i ngan fhios duit) nó na galair a bheidh ort amach anseo; pléifidh sé cúrsaí cleamhnais leat, cúrsaí gnó, cúrsaí taistil, cúrsaí polaitíochta, na naimhde atá agat, arís i bhfios nó i ngan fhios duit. Cá bhfaighfeá margadh níos fearr? An ordóg chlé más bean thú agus an ordóg dheas más fear thú, dála an scéil . . . Mumbó-jumbóchas? Is críonna an té a déarfadh!

Chun na huiscebhealaí agus na murlaigh a fheiscint i gceart a thánamar ar ais go Kerala. Thugamar déshúiligh linn an uair seo chun faire ar na héin. Ag féachaint amach an fhuinneog dom in Cochin (Kochi), cad a chím? Bád soir is bád siar, mar a dúirt an tÁrannach. Tógtha ar scata oileán atá cathair Cochin. Agus cad a chloisim? Na rógairí céanna a chualamar anuraidh. Na préacháin ghlóracha. Fógra in airde in óstán an Taj Malabar: 'Ná beathaigh na préacháin!' Beag an baol. Tá siad sách beathaithe cheana féin . . .

Báisteach throm agus scamaill chomh mór le hÉirinn. Nach cuma. Táimid ar ais in Kerala. Ceithre uair an chloig a thóg sé orainn tiomáint ó Trivandrum go Cochin. Fógraí aite ar thaobh an bhóthair ag tathant ar thiománaithe ciall a bheith acu:

HURRY BRINGS WORRY
SPEED THRILLS – BUT KILLS
RUSH MEANS CRUSH

Tá mionfhile fostaithe ag an mBardas, is léir.

Deinimid camchuairt an chalafoirt. Longa lastais, longa paisinéirí, fomhuireáin, báid iascaireachta ó Shrí Lanca gafa ag na póilíní.

Plandaí ar a dtugtar búnna uisce ag gluaiseacht leo thall is abhus faoi mar a bheadh aigne dá gcuid féin acu, rud a d'fhéadfadh a bheith fíor, ar ndóigh. Radharc aoibhinn dar linne ach is núis mhillteach iad i súile na n-iascairí is na mbádóirí.

Sibhialtacht ag éag . . . Cúpla neomat suaimhnis againn sa tsionagóg. B'éigean dúinn ár mbróga a bhaint dínn roimh ré, comhartha beag a léiríonn an tionchar a bhí ag an Hiondúchas ar nósmhaireachtaí na nGiúdach in Cochin. Brúchtann slua cuairteoirí isteach orainn ar Hiondúigh iad a bhformhór. 'Cá bhfuil an t-íol?' arsa bean díobh. 'Cá bhfuil an dia?' Féachann an treoraí uirthi agus díríonn méar ar a chloigeann. 'San aigne atá an dia acu,' ar sé, rud ná tuigeann an bhean bhocht ó thalamh an domhain.

D'fhulaing Giúdaigh Kerala faoi na Portaingéalaigh, ainneoin gurbh iad na Giúdaigh chéanna a chabhraigh go mór le taiscéalaithe na Portaingéile, idir aistritheoirí, réalteolaithe, trádálaithe agus eile. Chaith na Dúitsigh Phrotastúnacha agus na Sasanaigh ina dhiaidh sin níos fearr leo agus is beag aighneas a bhí riamh idir na Giúdaigh agus na prionsaí dúchasacha. Sna 1940í bhí thart ar 2,500 Giúdach in Kerala. Nuair a bunaíodh stát Iosrael, b'in creill bháis do Ghiúdaigh na hIndia mar shocraigh go leor acu filleadh ar an Talamh Naofa tar éis dhá mhíle bliain de dheoraíocht.

Scríbhneoir ar bith a thugann cuairt at Cochin beidh ríméad air an fógra seo a leanas a fheiscint: HONEST PEN HOSPITAL. Deiseofar do pheann duit agus beidh tú ag breacadh leat arís chomh maith nó níos fearr ná mar a scríobh tú riamh!

Rince na ndéithe . . . Cúis eile a thug orainn athchuairt a thabhairt ar Kerala ná chun an drámaíocht rince, Kathakali, a fheiscint. Amhránaíocht ar an sean-nós, drumadóireacht bhuile agus mímaisteoireacht mháistriúil i bhfoirm rince stílithe atá sa Kathakali. Scríobhas i leabhar na gcuairteoirí gur luachmhaire an Kathakali ná an Taj Mahal féin, mar gur traidisiún ársa beo é. Chaith duine den lucht eagair súil ar an méid a scríobhas agus ba léir go raibh bród uirthi.

Tugadh cead dúinn suí isteach ar an seisiún smidte roimh ré, duine de na haisteoirí ina luí ar fhleasc a dhroma agus a aghaidh á péinteáil go cáiréiseach ag fear eile. Ní raibh éinne ag féachaint ar an gclog (Ní fhaca mé clog ann). Ba chuma leo an tigh lán nó tigh folamh a bheadh acu mar is deasghnáth é an Kathakali – an bhéim ar an dara siolla – idir na damhsóirí agus na déithe. Níl ionainne ach finnéithe.

Tharla gur balbh agus bodhar a bhí an fear smididh agus d'fhreagair sé cúpla ceist le comharthaí nó trína mhéar a fhliuchadh agus comharthaí níos rúndiamhaire fós a bhreacadh ar an urlár. Moladh go deo le teangacha rúndiamhra na cruinne – is an-chosaint iad ar bhréagfhriotal Bush agus Blair!

Míníodh ábhar an dráma dúinn. Le déithe agus deamhain a bhain sé, cad eile. Is gnách go dtosnaíonn an dráma rince thart ar a deich istoíche agus leanann sé ar aghaidh go breacadh an lae. Nó, dála na scéalta Fiannaíochta fadó, d'fhéadfadh roinnt oícheanta as a chéile a bheith i gceist. Leagan ciorraithe a léiríodh dúinne, barbaraigh.

Bhí an smideadh agus na cultacha thar a bheith éifeachtach agus ba léir ardmheas ar a gceird a bheith ag na haisteoirí. Thuigfeá conas a raghadh a leithéid i bhfeidhm ar phobail na sráidbhailte 'iargúlta' san am a chuaigh thart. Bhíodh a gcroí ina mbéal acu, is cinnte, agus sheachnaídís an diabhlaíocht go ceann i bhfad ina dhiaidh sin – go mbeadh an compántas chucu arís. An druma féin i bhfoirm bairille, an *sudda mandalam*, chuirfeadh sé an croí tharat.

Bhí aisteoir fir i bpáirt mná ann agus ba dhóigh leat nach raibh rian den bhfearúlacht fágtha ann agus cíoch á tabhairt do leanbh aige. Na lámha agus na súile is mó a insíonn an scéal. Is minic gurb ag an mbanúlacht chosmach a bhíonn an lá sna drámaí seo; ní hionadh sin nuair a chuimhníonn tú gur bunaithe ar adhradh na mbandéithe atá an Kathakali. Beidh orainn go léir na suáilcí banúla a athfhoghlaim luath nó mall sula scriosfaidh fórsaí na fearúlachta agus an Bush Doctrine a bhfuil fágtha den bpláinéad seo.

I ngailearaí nua-aoiseach ar caife, leis, é in Cochin, bhí *puja* nó onóir ar siúl do na bandéithe. D'iarras ar fhear an tí cén fáth a raibh peann fágtha aige ar an altóir. Bhí an peann leagtha os comhair Sarasvati, pátrún na n-ealaíontóirí, aige mar gur theastaigh uaidh a bheith ina scríbhneoir. Thugas suntas do ghrianghraf a bhí i measc na bpictiúr beannaithe. 'Cé hí sin?' arsa mise. 'Sin í mo mháthair,' ar sé. 'Cailleadh deich mbliana ó shin í.' Bhíos an-tógtha leis an obair seo – a hionad féin ag a mháthair i measc na mbandéithe. Maidir le hómós indibhidiúlach agus ómós cosmach araon. An aon ionadh go bhfuil ardmheas agam ar na Keralaigh.

Tugaimis ar ais an tuiscint sin don mbeatha, an t-ómós sin don Máthair Bheannaithe. Tiocfaidh an lá a mbeidh géarghá againn arís leis an umhlaíocht sin, leis an ngrá sin, a chonaic mé in aghaidh an té a bhí ag tabhairt a mháthar chun cuimhne agus gach máthair a rugadh riamh. B'éigean dom labhairt:

Táim ag dul as radharc ionat
Mar is gnách, mar is dual dom,
A Mháthair!
Bainne na Bó Finne
Sceitheann ina chaise cheolmhar
As do chíoch chlé
Ar mo theanga, im scornach
Is ar fud m'inní.
Is tú m'aonchothú anois
Is go brách
Gan teimheal díom aon áit
Ach ionatsa.
Do bharróg is docht dochuimsithe
Do ghuth! Nach séimh,
Á! Sarasvati!
OM!

Bás agus beatha . . . I bhfíoruisce amháin a mhaireann an bú uisce nó an hiasaint. Chím anois é, á sheoladh chun an tsáile, á sheoladh chun a bháis. Plandaí ar ollchlár fichille, ag gluaiseacht anonn is anall . . . bua, cliseadh, cliseadh, bua, an bheatha is an bás in iomrascáil thachtach éarótach shíoraí . . .

Tír na ndaoine beaga . . . Seo linn anois i mbád innill go ceantar in Kerala ar a dtugtar

Kuttanad sa teanga áitiúil, tír na ndaoine beaga. Ní abhaic ná sióga iad; tugadh an t-ainm sin orthu toisc iad a bheith de shíor sna goirt ríse, go glúine san uisce. Ar mhaith linn cuairt a thabhairt ar fheirm? Tá Eithne idir dhá intinn faoi seo, níl cac bó ná gnúsacht muice uaithi. Níl sí gléasta dá leithéid. Ach ní hin atá romhainn nuair a bhainimid amach feirm Philipkutty in Kumarakom, suite i Loch Vembanad. Deir bean an tí linn gurb í a daideo a thug an talamh chun míntíreachais agus gur ag plé le spíosraí agus torthaí is mó a bhíonn siad – figí, bananaí, anainn, *papaya*, sinséar, *jackfruit* (an toradh is mó dá bhfaca riamh), tuirmiric, guird agus a thuilleadh nach iad. Fuaireamar radharc orthu go léir agus iad ag fás – cainéal (*cinnamon*), cuir i gcás, ar coirt é dáiríre. Ar oileán beag atáimid, feirm 50 acra, oileán nach raibh ann céad bliain ó shin.

Chonaiceamar an crann alcóil agus an tadaí, an leann pailme, á ghearradh de faoi mar a dhéanfaí rubar a bhearnú. Milis a bhíonn an tadaí ar maidin agus searbh um thráthnóna, a deir bean an tí linn. Cheannaíomar roinnt spíosraí uaithi, noitmig agus piobar. Níor thuigeamar go dtí sin gur fíneog atá sa phiobar. Mheabhródh an fheirm bheag seo dhuit cad a thug na coilínigh anseo an chéad lá – na spíosraí. An uair úd ní chun blas an bhia a shaibhriú ach chun é a chaomhnú a d'úsáidtí na spíosraí. Deir lucht Ayúirvéidea go bhfuil an tuirmiric go diail ar fad; ní hamháin go gcuireann sé dath deas buí ar an súp, is frithsheipteán é chomh maith. Don té a bheadh ag iarraidh seachtain a chaitheamh i bhfad ó challán an tsaoil, timpeallaithe ag lochanna, canálacha agus murlaigh, an cruidín ar ghéag ag faire ar a sheans, ní fhéadfá ionad níos suaimhní a fháil ná an fheirm seo i measc na ngarrán cnónna cócó.

An cnó cócó a fhaighimid in Éirinn is clúmhach a bhíonn sé agus an bia ann cruaidh. Ní hin mar atá sé in Kerala ach maol mín agus an bia ann chomh bog le bia linbh. Níl deoch níos fearr le hól chun an tart a mhúchadh agus is minic a stopamar ar an mbóthar nuair a chonaiceamar stalla romhainn. Níl gá le cannaí ná buidéil anseo nuair is féidir geocán a chur i mbarr an chnó agus an leacht a ól ar do shocracht. Caithfidh nach bhfuil muintir Coca-Cola róshásta le pé dia a bhronn an deoch seo saor in aisce ar mhuintir Kerala.

Umhlaímis . . . Táimid chun a thuilleadh taistil a dhéanamh ar uiscí cúil Kerala, an uair seo i mbád tí traidisiúnta. Báirse ríse a bhí sa *kettuvallam*. Buaileann Eithne a cloigeann in aghaidh an dorais ag dul isteach di agus cruinnímid go léir ina timpeall. Tugtar imchuimilt dá cloigeann agus tagann sí chuici féin go breá. Mínítear dúinn go mbíodh doirse na dtithe is na mbád traidisiúnta íseal d'aon ghnó – chun go ndéanfá umhlú roimh dhul isteach duit.

Cathair ghríobháin . . . Trí chathair ghríobháin de lochanna, d'aibhneacha agus de chanálacha a théimid agus nuair a bhí an bú uisce romhainn ina dhlúthoileán, b'éigean don mbádóir an cuaille báirse a úsáid nó bhíomar sáinnithe. Páistí ar an mbruach agus 'Peann! Peann scoile!' acu mar mhantra ach, faraor, níl agam ach an peann atá ag scríobh na tuairisce seo. Snámhann nathair uisce i bhfoisceacht go mbeannaí Dia dhuit dúinn.

Na crainn chnó cócó mar gharda onórach ar dhá thaobh na canála, gan aon dá chrann acu ar comh-airde. Na milliúin acu. Táirgtear ar meán 8,000,000,000 cnó cócó in aghaidh na bliana in Kerala, pé diabhal bocht ar a dtiteann dualgas a gcomhairthe. Baintear an-chuid leasanna as . . . breosla, fraitheacha, cuaillí, earraí láimhe as an adhmad, tuíodóireacht agus scuaba as na duilleoga, ola agus cístí as an gcopra, rópaí agus mataí as an gcrotal, siúcra donn agus deoch mheisciúil as an sú . . . Dála an scéil, ní fhacamar oiread is meisceoir amháin agus sinn in Kerala.

Litir ón Murascaill . . . Is cuimhin libh trácht ar an Litir ó Mheiriceá a ghealadh croí an Ghaeil fadó. Ag brath ar litir ó na hÉimíríochtaí Arabacha a bhíonn go leor de mhuintir Kerala.

Aigéan solais . . . Tá an oíche ag titim. Lasaimid coinneal frithfheithidí. Osclaímid buidéal fíona. Seanválsa na scáileanna san uisce agus is é a deir ceol an dúlra atá á thionlacan nach bhfuil i ndubh ach seachmall is go mbáfar an domhan arís go luath faoi aigéan solais.

Drochoíche agam féin ar an mbáirse maidir

Éigrit ina seasamh i murlach —
fuaim éadaí á ní
ar leacacha

le muiscítí de, allas . . . coiligh ag glaoch gan stad, iad in iomaíocht leis an toirneach. Más toirneach a bhí ann; seans nach ea ach *vedi vashipadu* – deasghnáth na bpléasc atá níos measa ná toirneach ar bith.

Cuairt ar Eaglais Naomh Muire (Eaglais Chaitliceach na Siria), in Cheriapally, an mhaidin dár gcionn. Trí nó ceithre bliana a fhanann na corpáin sa reilig, sin uile; aistrítear na cnámha ansin go dtí an chnámhlann chun slí a dhéanamh do na mairbh nua. Dófar na cnámha go léir nuair a bheidh an chnámhlann lán.

Is d'ábhar plandúil iad na múrmhaisiúcháin sa tséipéal. Carachtair ón Sean-Tiomna ann, Naoi na hÁirce ina measc. Thuigfeá an lé a bheadh ag lucht na n-uiscebhealaí leis an bhfear macánta sin.

Vác-Vác! Báid amuigh ar geall le naomhóga iad. Sliogéisc á mbailiú acu. Déanfar suimint as na sliogáin. Báidín eile ag gabháil tharainn agus í lán de photaí cré. Agus cén boc é seo atá chugainn anois? *'Duck salesman!'* arsa duine den gcriú, nár labhair aon fhocal go dtí seo. Tá siad ar fad amuigh inniu.

Fir go básta in uisce, á ní féin is á mbearradh féin go séimh. Buachaillí ar an mbruach, slata iascaigh acu. Má tá parthas ann, deinim amach nach parthas aeir é ach parthas uisce ina snámhann na fíréin, na cuilithíní ag scaipeadh ar fud na síoraíochta. Agus ní bheidh cead isteach ann ag na muiscítí – ní sa seachtú flaitheas pé ar domhan scéal é.

Fágaimid slán ag lucht na mbád. Iarrtar orainn foirm mheastóireachta a chomhlánú. An bia? Thar barr. Agus mar sin de. Aon mholadh agat chun feabhas a chur ar na seirbhísí? Tá. Arm préachán a thraenáil chun dul sa tóir ar na muiscítí go léir agus iad a ithe tur te. Cá bhfios ná go ndéanfaidh an bardas plé domhain ar an scéal. Má ghlacann siad leis an moladh beidh orthu mionfhile an bhardais a fhostú arís ar mhaithe le bolscaireacht:

Mosquito he go
With help of the crow.

Tá ár dtiománaí romhainn chun sinn a thabhairt ar aistear fada in aghaidh cnoic, go hardchríocha Kerala ar theorainn Tamil Nadu, ceantar na dtíogar – tá corrcheann fágtha nár lámhaigh na Sasanaigh aimsir an Raj. Is

Críostaí é an tiománaí, é pósta ar Hiondúch mná. Níor labhair an dá theaghlach lena chéile le scór bliain anuas agus ní móide go labharfaidh. Mar sin, cé go ndeir na treoirleabhair leat go maireann muintir Kerala faoi scáth a chéile, bíonn teannas creidimh ina measc bíodh is nach bhfuil sé leath chomh feiceálach is atá in áiteanna eile san India.

Thekaddy bainte amach againn. Mheasas go raibh an áit ró-ard, rófhionnuar agus rófhada ó cheantar na n-uiscebhealaí agus ná beadh na muiscítí ann, ach tá. Léan orthu. Dúisím i lár na hoíche chun mé féin a spraeáil agus léine fhadmhuinchilleach a chur orm féin. Croitheann Eithne ola *lemongrass* ar cheithre chúinne na leapa faoi mar b'uisce coisricthe é. Fós ní leor é. Caithfear paidir éigin a rá, ortha. Cén naomh a chloisfeadh ár n-achainní? Cogar, nach raibh peata cuileoige ag Colm Cille? Raidht, más ea:

Ortha in Aghaidh na Muiscítí

*A Naomh Colm Cille a raibh peata cuileoige agat
Cosain sinn, impímid ort, ar na diabhail
bheaga go léir*

*Mo chreach is mo chás!
Atá ag teacht idir sinn agus codladh na hoíche.
Múin míneas dóibh agus béasa
Agus tabhair slán sinn as ucht Dé
Sinne agus gach neach eile atá i bpéin anocht in
Thekaddy, Áiméan.*

D'oibrigh sé!
An tráth seo anuraidh bhí R.K. Narayan á léamh agam. Faoi láthair tá *Indian Thought*, in eagar ag an bhfear céanna, os mo chomhair, sleachta as iris den teideal céanna, iris nár mhair thar an 4ú heagrán. Seo sliocht as litir ón Ollamh Quentin-Anderson chuig athair Narayan:

Why do you always think in mortal terms? The dying deserve gratitude and envy. They do not desire our pity. You have a million years in which to strive to become what your mother would have you to be where the soul sits free and all the noble mothers await us to lead us into God's garden where the eternal children foregather far from the shady sadness of the world we must outgrow . . .

Ardaíonn na habairtí sin mo chroí. *Sursum corda!* Tuigim go mbainim le mionlach – in Éirinn féin agus i measc mo chomhscríbhneoirí i gceachtar den dá theanga. Ní hé an t-ardú croí atá laistiar dá n-inspioráid – a bhformhór acu – ní hé a spreagann iad agus ní hé atá mar aidhm acu. Bhuel, cén saghas inspioráide é sin? Ciallaíonn *inspirare* go bhfuil *spirare* nó séideadh ar siúl. Bítear faoi anáil éigin. Caithfidh an inspioráid comhthéacs a lorg, téacs a lorg . . . fuil is feoil a ghlacadh. Ach má thosnaítear leis an toradh, mar a déarfá, leis an gcomhthéacs, le fuil is feoil, mar a tharlaíonn go minic, tá sé ródhéanach ansin a bheith ag cuimhneamh ar inspioráid a shéideadh sa mharbhghin sin. Dodhéanta. Ní mór don inspioráid – don anáil – a bheith ann ar dtús. Tástáil an fheoil úr ina dhiaidh sin.

Fágaimid aer ard fionnuar Thekkady inár ndiaidh – níor nocht an tíogar – agus seo linn arís ar an mbóthar, aistear 5 uair an chloig ó dheas go Varkala cois farraige.

Tugann dochtúir Ayúirvéideach púdar dúinn, *eladi choornam*, in aghaidh lorg na muiscítí. Caithfear é a mheascadh le beagán uisce agus ungadh, nó taos, a dhéanamh as. An taos a chur ar na marcanna muiscítí ar feadh leathuaire; é a bhaint ansin. Próiseas fadálach dá mbeadh deabhadh ort. An chéad rud eile, ola a chur ar na marcanna, *nalpamaradi thailam*, a ullmhaíodh de réir foirmle a luaitear sa téacs *Sahasrayogam*, ambaist. Cuirim orm í. Ligeann Eithne béic aisti. Féachaim orm féin. Táim iompaithe buí. Níos Síní ná na Sínigh féin. 'Táim in amhras faoin gcraic seo . . .' ar sí.

'An gcuirfidh mé cúpla braon ort féin?' arsa mise.

'An diabhal buí, fág an áit uaim!' arsa péarla an bhrollaigh bháin. Ach nuair a fheiceann sí ar ball cé chomh héifeachtach is atá sé – níl marc ar bith orm – gabhann sí féin go foighneach tríd an bpróiseas céanna.

Scéala báis . . . Ceadaímid an ríomhphost agus feicim gur cailleadh m'athair ar oileán Naxos na Gréige:

Scéala báis . . .
ialtóg torthaí ar crochadh
fá shuan

Ba dheacair a bheatha agus a bhás a cheiliúradh anseo in Varkala agus a bhfuil de bheocht ag púscadh as gach gas is tor is craobh. Cúpla taoscán a ól ina onóir? Níl anseo acu ach lagaithris Indiach ar fhuisce na hAlban, lipéid ar nós *Bagpipe* – ní dhéanfadh sé cúis go deo. Beidh saghas éigin tórraimh againn nuair a bhainfimid amach Inis aoibhinn Ealga. Idir an dá linn, ó dheas linn go Srí Lanca chun spléachadh a fháil ar cheann de na taisí beannaithe is mó (nó is lú!) ar domhan – munar thug na Portaingéalaigh leo go Goa í fadó chun í a dhó, mar atá ráite – fiacail an Bhúda.

A Chríoch

Iarfhocal
le Micheál Ó Cróinín

Ar thóir an alltair, is minic a fhaightear ag an deireadh scáth do dhúiche féin agus ní drochthoradh ar aistear é sin. Ó oidiséas Uiliséis go hoilithreacht Chatwin san Astráil, ní hamháin go dtéann taistealaithe i ngleic leis an aduaine taobh amuigh agus iad ag casadh le daoine, le cultúir agus le teangacha coimhthíocha, ní foláir dóibh, freisin, an aduaine laistigh a láimhseáil. Is ionann cuntas taistil agus féinscrúdú, chuile ródaí ar a bhealach féin ag iarraidh brí na slí a thuiscint agus ní gá go mbeifeá ar shlí na fírinne chun fírinne na slí a mheas.

Sa chuntas meabhraitheach caolchúiseach seo ní bhíonn Gabriel Rosenstock sásta cur síos lom ná treoirleabhar oifigiúil ná reitric áiféiseach na bolscaireachta turasóireachta a thabhairt dúinn; déanann sé iarracht chuile uair ar bhrí níos doimhne, míniú níos iomláine de gach aon eachtra a sholáthar don léitheoir, a chomhthaistealaí i gcríocha na scríbhneoireachta. Ní hamháin go ndéanann sé a dhícheall cultúir allúracha, an cultúr Indiach nó an cultúr Seapánach, mar shampla, a chur os ár gcomhair mar chultúir atá lán de shaíocht agus de chastacht ach tapaíonn sé an deis i gcónaí chun a mheon, a chultúr agus a spioradáltacht féin a thomhas mar aon le cultúr agus dearcadh na nÉireannach i gcoitinne. Ní thaistealaíonn Rosenstock go hÚtóipe bhréige na bhfealsamh chun léargas a thabhairt dúinn ar ár gcrá croí féin. Is leor dó dul ar cuairt chuig tíortha scaipthe na cruinne mar atá déanta aige sa leabhar seo lena chur in iúl don léitheoir cén dochar a dhéanann easpa tuisceana agus easpa oscailteachta d'fhorbairt na comhbhá idir phobail éagsúla an domhain.

Toisc gur scríobhadh cuid den gcuntas seo faoi anáil mharfach na cogaíochta, bhí práinn ag baint leis an iarracht ar luachanna daonna na síochána a chosaint ó ionsaí fíochmhar an réamhchlaonta. Arís agus arís eile sa chuntas seo, cáintear an dearcadh leisciúil, neamhcheisteach sin a bhíonn sásta glacadh le coincheap na coimhlinte síoraí idir pobail an Iarthair agus pobail an Oirthir.

Bíonn Rosenstock de shíor ag meabhrú dúinn an ceangal is féidir a bheith ann, mar shampla, idir naomhsheanchas na hÉireann agus naomhsheanchas na hIndia nó idir anamachas na Seapánach agus anamachas na nGael. Cinnte, is cuid de dhualgas an scríbhneora thaistil leithleachas an chultúir allúraigh a nochtadh ach ní miste freisin na cosúlachtaí idir chultúir a thabhairt chun solais, go háirithe nuair a bhíonn cultúr ar leith ag iarraidh smacht a fháil, agus a choinneáil, ar chóras polaitiúil agus ord míleata an domhain.

Ní minic a phléitear an litríocht taistil agus stair agus litríocht na Gaeilge faoi chaibidil ag criticeoirí agus smaointeoirí liteartha. Is deacair an fhaillí seo a thuiscint agus traidisiún saibhir spreagúil le feiscint san earnáil sin ó na hiomraimh ársa go cuntais ar nós *Turus go Páras* (Liam Ó Rinn), *Seal ag Ródaíocht* (Proinsias Mac Muighnis), *Siúlach*

Scéalach (Eibhlín Ní Mhurchú), *Súil Timpeall* (Séamus Ó Néill), *Manchán ar Seachrán* (Manchán Magan) agus *Rince ar na Ballaí* (Dermot Somers). Ní haon ionadh ach an oiread gur éirigh go rímhaith leis na cláir taistil ar TG4, mar is léir go mbíonn tóir i gcónaí ag na Gaeil ar scéalta ó ródaithe oilte agus iad ag déanamh iontais d'éagsúlacht an domhain. Is oidhre luachmhar é Gabriel Rosenstock ar an traidisiún beo seo. Agus Rosenstock ag siúl leis ó Dubai chun na hIndia agus ó Sydney go San Diego, is léir do léitheoirí i gcónaí ní amháin go bhfuil siad i gcomhluadar taistealaí ach go bhfuil siad ag giorrú an bhealaigh le scríbhneoir. San India agus sa tSeapáin is breá leis cuideachta scríbhneoirí ó na tíortha sin agus dá bharr sin faighimid léargas neamhchoitianta ar ealaín agus ar ársaíocht agus ar bheocht na gcultúr i bhfad ón mbaile.

Mar scríbhneoir Gaeilge ní nach ionadh go bhfuil dúil ar leith aige i bhfás agus i gcaomhnú teangacha uile na cruinne agus murab ionann agus a lán scríbhneoirí sna mórtheangacha tugann Rosenstock ómós ceart do thábhacht na teanga mar theorainn don tuiscint is féidir le fámaire a fháil ar chultúr mura bhfuil an teanga ar eolas aige. In Kerala na hIndia, déanann Gabriel agus Eithne, a bhean chéile, iarracht ar theacht isteach ar an teanga áitiúil mar:

Tugaim faoi deara gur beag eachtrannach thart anseo a dhéanann aon iarracht in aon chor ar aon siolla eile a fhuaimniú ach Gearmáinis nó Béarla. Caithfear an t-impiriúlachas teanga seo a chloí, ar ais nó ar éigean.

Is léir ó fhigiúirí foghlaimeoirí teangacha eachtrannacha san Iarthar (an dream a dhéanann an taisteal is mó toisc an rachmas a bheith acu) nach eisceachtaí iad na hIartharaigh eile in Kerala siocair go bhfuil na figiúirí seo ag ísliú an t-am ar fad. Níl aon amhras mar sin faoi thábhacht scríbhneoirí mar Ghabriel Rosenstock a mheabhraíonn do léitheoirí nach ionann éascaíocht gluaiseachta agus géire intleachta. Ar shlí, is cosúla Rosenstock le *honnête homme* ón ochtú haois déag ná le lucht a chomhaimsire sa mhéid is gur turas intleachtúil, liteartha agus spioradálta aige é go príomha. Is é sin le rá go bhfuil sé in ann sprid na háite a thabhairt leis de bharr an réamheolais atá aige ar chultúir faoi leith agus ní hé sin an saghas eolais a bhíonn sna treoirleabhair de ghnáth. Ina theannta sin, is fuath leis dearcadh sotalach tarcaisneach an Iartharaigh rachmasaigh agus ní théann stad air ach é ag iarraidh é fhéin agus a mhacasamhail a fheiceáil trí shúile mhuintir na háite.

Ar an taobh eile den scéal, is sórt taistealaí iar-nua-aimseartha é Rosenstock freisin mar tá *Ólann mo Mhiúil as an nGainséis* breactha le suímh idirlín agus tig le léitheoirí leanúint ar aghaidh ar thuras fíorúil agus an leabhar críochnaithe acu, rud a thaispeánann go bhfuil croitheadh eile bainte ag Rosenstock as gnáthfhoirmle na litríochta.

Níl sé de nós ag oileánaigh fanacht socair. Bíonn siad de shíor ag samhlú saol eile trasna na dtonnta agus dá bhíthin sin ní hionann oileánachas agus cúngú aigne mar a mhaítear go minic. A mhalairt atá fíor mar is eol d'éinne a thugann spléachadh ar an litríocht taistil atá againn sa Ghaeilge ón tús. Ina chuntas, luann Gabriel Rosenstock na manaigh sa ré órga agus an cíocras léinn agus spioradálta a bhí i dtólamh taobh thiar den *navigatio*. Feictear dó go minic go bhfuil fís fhuinniúil na dtaistealaithe sin agus taistealaithe eile nach iad de dhíth ar an oileán seo faoi láthair, go gcuireann cultúir eile in iúl dúinn go gcaithfimid ár saíocht agus ár saoithiúlacht a chaomhnú agus a fhorbairt ní ar mhaithe le cúngaigeantacht bhuacach an náisiúin ach chun cur le fás na hilghnéitheachta i gcomhthéacs an oird nua dhomhanda.

Tugann creidimh mhóra an domhain le fios dúinn gurb ionann an saol seo agus oilithreacht. I ndeireadh an aistir, agus athchuairt tugtha aige ar Kerala, faigheann Rosenstock scéala faoi bhás a athar, ceann scríbe ar leith bainte amach aige féin agus ag athair an taistealaí ar oileán sa Ghréig. Buntuiscint na gcreideamh éagsúil fosta is ea go bhfuil an t-aistear i bhfad níos tábhachtaí ná an ceann riain. Is follas dúinn agus muid ag druidim chuig ceann cúrsa an leabhair seo go bhfuil bealach mór fada siúlta againn in éineacht le compánach cliste mothálach meidhreach ach nach bhfuilimid ach ag tosnú ar an turas is crua, turas na féintuisceana.

Leabharliosta

Christopher de Bellaigue, féach *India: A Mosaic.*

Manning Clark, *A Short History of Australia 1961-92.*

Krishna Dutta agus Andrew Robinson (eag.), *Rabindranath Tagore: An Anthology.*

Toji Kamata agus Mayumi Tsuruoka (eag.), *Celt to Nippon.*

Yvette E. Miller (eag.), *Neruda's Garden – An Anthology of Odes by Pablo Neruda.*

R.K. Narayan (eag.), *Indian Thought.*

Jeremy Narby agus Francis Huxley (eag.), *Shamans Through Time, 500 Years on the Path to Knowledge.*

Osho, *Glimpses of a Golden Childhood.*

—, *India my Love.*

Robert B. Silvers agus Barbara Epstein (eag.), *India: A Mosaic.*

Swami Vivekananda, *Karma Yoga and Bhakti Yoga.*

Innéacs Áiteanna